高等学校应用技术型经济管理系列教材（会计系列）

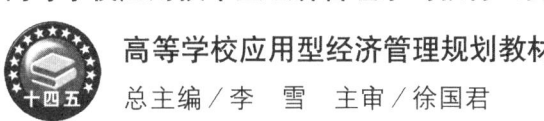

高等学校应用型经济管理规划教材

总主编／李　雪　主审／徐国君

出纳实务学习指导书

Study Guide to Cashier Practice

（第二版）

高杉◎主　编
王庆　马妍◎副主编

立信会计出版社
LIXIN ACCOUNTING PUBLISHING HOUSE

图书在版编目(CIP)数据

出纳实务学习指导书 / 高杉主编. —2 版. —上海：立信会计出版社，2021.7

高等学校应用技术型经济管理系列教材. 会计系列
ISBN 978 - 7 - 5429 - 6889 - 0

Ⅰ. ①出… Ⅱ. ①高… Ⅲ. ①出纳-会计实务-高等学校-教材 Ⅳ. ①F233

中国版本图书馆 CIP 数据核字(2021)第 135109 号

策划编辑　方士华
责任编辑　张巧玲
封面设计　南房间

出纳实务学习指导书(第二版)
CHUNA SHIWU XUEXI ZHIDAOSHU

出版发行	立信会计出版社			
地　　址	上海市中山西路 2230 号	邮政编码	200235	
电　　话	(021)64411389	传　　真	(021)64411325	
网　　址	www.lixinaph.com	电子邮箱	lixinaph2019@126.com	
网上书店	http://lixin.jd.com	http://lxkjcbs.tmall.com		
经　　销	各地新华书店			

印　　刷	上海天地海设计印刷有限公司		
开　　本	787 毫米×1092 毫米	1/16	
印　　张	6.75		
字　　数	145 千字		
版　　次	2021 年 7 月第 2 版		
印　　次	2021 年 7 月第 1 次		
印　　数	1—2 100		
书　　号	ISBN 978 - 7 - 5429 - 6889 - 0/F		
定　　价	24.00 元		

如有印订差错，请与本社联系调换

总　序

　　教材是高校实现人才培养目标的重要载体,教材及教材建设对高校发展具有举足轻重的作用。与培养模式相对应的教材是培养合格人才的基本保证,是实现培养目标的重要工具。由于历史的原因,在财经类教材的出版方面,相关出版社出版研究型本科或者高职高专、中等职业等层次的教材较多,应用型本科教材较少。虽然近年来也出版了一些应用型本科教材,但总体而言,这些教材还是缺乏权威性、普适性、实用性、创新性。造成这种状况的原因主要在于:出版社对财经类应用型本科教材的出版还不够重视,没有进行有效的组织;财经类应用型本科院校多为新建院校,教材建设相对滞后,主观上也较愿意使用研究型本科教材;在教材使用中存在比较严重的混用现象,教材目标读者群不明确,如不少教材既适用于研究型本科又适用于应用型本科,或者既适用于本科院校又适用于高职高专院校。

　　由于目前财经类应用型本科教材种类和数量匮乏或质量欠佳,财经类应用型本科不得不沿用传统研究型教材。这些教材本身的质量很好、级别很高,但是并不适用于应用型本科的教学,教师和学生普遍反映不好用。即使在全国范围看,也还没有相对成套、成熟的适合财经类应用型本科的教材。现有教材存在的主要问题包括:①教材的定位和要求较高;②教材的内容多、难度大;③教材着重于理论解释,相关案例、实训等内容较少,缺乏普适性、实用性。

　　与此同时,信息技术的快速发展使学生的学习习惯和阅读习惯发生了改变,不断朝个性化、自主学习的方向发展,传统的单一纸质教材已经无法适应这种变化。翻转课堂、慕课、微课等网络课程的兴起,混合式教学的不断推进,也对立体化教材建设提出了新的要求。教材作为一种课堂上的教学工具,一种传播媒介,理应顺势而为,随课堂形式、学生学习方式的改变而改变,朝着数字化、立体化、可视化的方向发展。因此,需要编写适应学生水平、便于学生接受的立体化财经类应用型本科教材。

　　我们组织具有多年应用型人才培养经验的优秀教师和实务界专家编写了这套教材。本套系列教材有《会计基本技能》《出纳实务》《基础会计》《中级财务会计》《成本会计》《管理会计》《会计信息系统》《财务管理》《审计学》《高级财务会计》《商业分析》《税法》《经济法》《金融学》等构成。为了保证教材的质量,本套教材聘请了知名高校的专家教授进行专门指导和审核。每本教材至少有一名本学科的知名专家或学科带头人提出审核指导意见,至少有一名高等院校教学一线的高级职称教师组织编写,至少有一名行业协会、实务界专家或教学研究机构人员提出编写建议。

本系列教材的特色如下。

1. 应用性

应用型本科的教材建设应坚持培养应用型本科人才的定位，充分吸收和借鉴传统的普通本科教材与高职高专类教材建设的优点和经验，以就业为导向，做到理论上高于高职高专类教材、动手能力的培养上高于传统的本科院校教材。本系列教材体现了应用型本科的定位，体现了素质教育和"以学生发展为本"的教育理念，遵循了高等教育教学基本规律，重视知识、能力和素质的协调发展，根据应用型人才培养模式对学生的创新精神、实践能力和适应能力的要求，在内容选材、教学方法、学习方法、实验和实训配套等方面突出了应用性特征。

2. 针对性

本系列教材的编写符合会计学、财务管理和审计学等专业的培养目标、培养需求、业务规格和教学大纲的基本要求，与各专业的课程结构和课程设置相对应，与课程平台和课程模块相对应。教材在结构纵横的布局、内容重点的选取、示例习题的设计等方面符合教改目标和教学大纲的要求，把教师的备课、试讲、授课、辅导答疑等教学环节有机的结合起来。

3. 立体化

本系列教材为立体化教材，实现了由传统纸质教材向"纸质教材＋数字资源"的转变，通过技术手段将晦涩难懂的理论知识转变为直观的具体知识，以立体化、数字化的方式呈现，包括图文、动画、音频、视频等多种形式，生动、有趣且易懂，不仅可以激发学生的学习兴趣，还有利于教学效果的提升。

4. 趣味性

本系列教材聚焦注重趣味性，使用了大量的例题和案例，每章都加入了"思政育人""相关思考""延伸阅读""扫一扫 练一练"等内容，使读者能够加深理解，便于掌握相关内容。在案例、例题等的设计选用上重点突出趣味性，易于引发读者的共鸣。

5. 先进性

本系列教材反映了应用型会计人才教育教学改革的内容，能够反映学科领域的新发展。教材的整体规划、每一种教材构造等均体现了创新性。教材还强调了系列配套，包括了教材、学习参考书、教学课件等。立体化教材在内容修订上更具有明显优势，线上资源可以随时根据政策法规、理论知识或工作实务等的变化进行调整，更有利于保持教材内容的先进性。

6. 基础性

本系列教材将打破传统教材自身知识框架的封闭性，尝试多方面知识的融会贯通，注重知识层次的递进，体现每一门科目的基本内容，同时在具体内容上突出实际运用能力,做到"教师易教,学生乐学,技能实用"。

7. 易于自学

自学能力是大学生的一项基本能力。学生只有具备了自主学习的能力,才能最终建立起终身学习的保障体系,这也是应用型本科人才培养的客观要求。应用技术型高校的生源素质与普通高校相比存在一定的差距,除一部分系高考发挥失误的学生外,有一部分学生在学习习惯、基础知识等方面存在一定的欠缺,这要求通过教材要调动这部分学生的学习积极性,在理论方面尽量通俗易懂,在实践方面尽量采用案例式教学。为了有利于学生课后自主学习,本系列教材配套了学习指导书和教学课件。

因此,本系列教材的定位准确,特色明显,适用于应用型本科院校教学,容易得到学生和市场的认可,便于学生的自学和教师的教学。

高等学校应用型经济管理系列教材(会计系列)凝聚了众多领导、教授和专家多年来的经验和心血。当然,由于我们的经验和人力有限,教材中难免存在不足,我们期待着各位同行、专家和读者的批评指正。我们将伴随着经济发展和会计环境的变迁不断修订教材,以便及时反映学科的最新发展和人才培养的最新变化。

本系列教材自 2014 年出版后,得到众多高校、学生和市场的认可,深受广大读者欢迎。为了更好地回馈读者,本系列教材从 2017 年起启动第二版的修订工作,2019 年启动第三版的修订工作,2021 年启动第四版的修订工作。各种教材的修订版将陆续出版。我们会一如既往地做好教材修订和相关服务工作,希望广大读者对本套系列教材继续给予支持。

李　雪

2021 年 6 月

第二版前言

本书是高等学校应用技术型经济管理系列教材(会计系列)《出纳实务》教材的配套学习指导书,具有应用性、针对性、先进性、基础性、易于自学性的特点。既可作为高等财经院校财务会计教学的辅助教材,也可作为企业管理人员学习财务会计的参考用书。

一、本书写作思路及内容安排

本书根据《出纳实务》教材及教学大纲的要求,设计了各章重点与难点的提炼讲解,在讲解的过程中配有相关典型例题。讲解完毕,每章配有练习题并提供相应的参考答案。

《出纳实务指导书》分为两个部分:第一部分为"学习指导及思考与练习",下设"本章基本内容框架""重点、难点讲解及典型例题""思考与练习";第二部分为"思考与练习参考答案"。

二、本书的编写特点:

(1)本书以就业为导向,突出理论联系实际,体现实际操作能力,即重视知识、能力和素质的协调发展,为学生的就业打下坚实基础。

(2)内容上体现教、学、训、练、用的结合;以培养学生动手能力为原则,从出纳实务工作的每个环节入手,教与学结合、学与训一体、练与用衔接,既注重了实际工作中常用技能的介绍,又兼有知识技能的拓展。

(3)案例的设计体现综合性和超前性。使学生通过练习能更多地接触出纳工作的实务操作,提高分析和解决问题的能力。

(4)注重对重点难点的讲解,借助仿真原始凭证、账簿、图、表等工具进行讲解,图文并茂,通俗易懂。

(5)习题形式多样。既有客观题,也有大量的案例题和业务题,涵盖面广,可以考查学生综合分析和解决问题的能力。

(6)重视对知识点的总结,并运用知识点对比的方式便于掌握记忆。

本书由高杉担任主编,王庆、马妍担任副主编,多位优秀教师和实务界专家参编。具体分工如下:第一章出纳概论(高杉),第二章出纳基本业务技能(刘艳),第三章出纳凭证及账簿(王庆),第四章出纳现金业务(李艳花),第五章出纳银行业务(高杉),第六章出纳税收知识(王庆),第七章出纳资料的整理、保管与工作交接(王庆、陈丽娜、李艳花)。

　　本书在编写的过程中参考了大量相关教材和论著,在此向有关作者致以深深的谢意!

　　本书的编写先后经过多次讨论研究,力求内容编排合理、避免错误,但难免存在考虑不周,表达不妥当的地方,书中疏漏不足之处,敬请读者批评指正。

编　者

2021 年 6 月

目　录

第二部分　思考与练习参考答案

第一章　出纳概论

 本章基本内容框架

出纳工作 ⎰ 含义及特点
　　　　 ⎱ 职能与内容
　　　　 ⎱ 基本原则

出纳人员 ⎰ 含义、职责、权限
　　　　 ⎱ 与会计人员的关系
　　　　 ⎱ 基本素质
　　　　 ⎱ 职业道德

出纳工作的组织 ⎰ 组织机构的设置
　　　　　　　 ⎱ 出纳人员的配备
　　　　　　　 ⎱ 出纳工作回避要求
　　　　　　　 ⎱ 出纳工作流程

 重点、难点讲解及典型例题

一、出纳工作的基本含义

所谓"出纳"即货币资金的收入与支出。一般而言,"出纳"一词有两层含义:一是出纳工作;二是出纳人员。

出纳工作是指管理货币资金、票据、有价证券收付的工作。具体来说,它是按照有关规章制度办理本单位的现金收付、银行结算及相关账务,保管库存现金、有价证券、财务印章及有关票据等工作的总称。

二、出纳工作的特点

出纳工作的特点如图1-1所示。

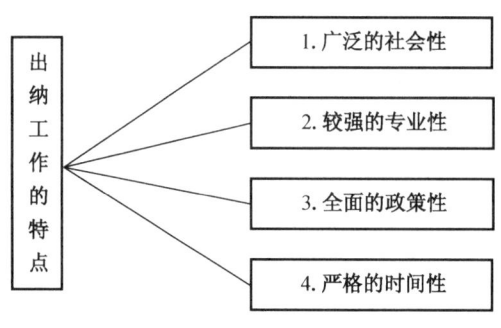

图1-1 出纳工作的特点

【例题1·判断题】 出纳仅仅是指出纳人员。 （ ）

【答案】 ×

【解析】 "出纳"一词有两层含义：一是出纳工作；二是出纳人员。

三、出纳工作的职能

出纳工作的职能如表1-1所示。

表1-1 出纳工作的职能

职　　能	具　体　内　容
1. 收付职能	收付职能具体包括企业经营活动中往来的现金、票据、金融证券的收付和办理，以及银行存款收付业务的办理
2. 反映职能	出纳要利用统一的货币计量单位，通过其特有的现金与银行存款日记账、有价证券的各种明细分类账，对本单位的货币资金和有价证券进行详细的记录与核算
3. 监督职能	出纳要对企业的各种经济业务，特别是货币资金收付业务的合法性、合理性和有效性进行全过程的监督
4. 管理职能	出纳需要对货币资金与有价证券进行保管，对银行存款和各种票据进行管理

【例题2·多项选择题】 出纳工作的职能包括（ ）。

A. 收付职能　　　　B. 反映职能　　　　C. 监督职能　　　　D. 管理职能

【答案】 ABCD

四、出纳工作的内容

1. 货币资金收支的核算

（1）日常收支业务包括：现金的收支；银行存款结算业务的办理；现金、各种有价证券、支票、结算凭证、自制票据和有关印章的保管;发票的开具;其他与货币资金有关的事宜。

（2）收支业务的财务核算包括:与现金及银行存款有关的记账凭证的编制;现金日记账、银行存款日记账、发票领用登记簿、其他与货币资金相关的备查簿的登记;出纳日报表的编制等。

2. 货币资金收支的监督

出纳监督是依据国家有关的法律法规和企业的规章制度,在维护财经纪律、执行会计制度的工作权限内,坚决抵制不合法的收支和弄虚作假的行为。

出纳在办理现金和银行存款各项业务时,要严格按照财经法规进行,违反规定的业务一律拒绝办理。随时检查和监督财经纪律的执行情况,以保证出纳工作的合法性、合理性,保护单位的经济利益不受侵害。

【例题3·多项选择题】 以下属于出纳人员业务范围的有(   )。

A. 保管库存现金和有价证券

B. 保管空白支票和空白收据

C. 保管有关印章

D. 保管会计档案

【答案】 ABC

【解析】 出纳人员不得兼管会计档案的保管工作。

五、出纳工作的基本原则

出纳工作的基本原则主要指内部牵制原则或者说钱账分管原则。

《会计法》第三十七规定:"会计机构内部应当建立稽核制度。出纳人员不得兼管稽核、会计档案保管和收入、费用、债权债务账目的登记工作。"钱账分管原则是指凡是涉及款项和财物收付、结算及登记的任何一项工作,必须由两人或两人以上分工办理,以起到相互制约作用。例如,现金和银行存款的支付,应由会计机构负责人(会计主管人员)或其授权的代理人审核、批准,出纳人员付款,记账人员记账;发放工资,应由工资核算人员编制工资单,出纳人员向银行提取现金和分发工资,记账人员记账。实行钱账分管,主要是为了加强会计人员相互制约、相互监督、相互核对,提高会计核算质量,防止工作误差和营私舞弊等行为。

【例题4·单项选择题】 下列选项中,体现不相容岗位相互分离的是(   )。

A. 由出纳人员兼任会计档案保管工作

B. 由出纳人员保管签发支票所需全部印章

C. 由出纳人员兼任收入总账和明细账的登记工作

D. 由出纳人员兼任固定资产明细账及总账的登记工作

【答案】 D

【解析】 出纳人员不得兼管稽核、会计档案保管和收入、费用、债权债务账目的登记工作。

六、出纳人员的含义、职责及权限

1. 出纳人员的含义

(1) 从广义上来说,"出纳人员"既包括各单位会计部门设置的出纳人员,也包括各业务部门的各类收款员、工资发放员(专职或兼职)等。

(2) 从狭义上来说,出纳人员仅指单位会计部门从事资金收付和核算工作的人员。

2. 出纳人员的职责

出纳人员的职责如图1-2所示。

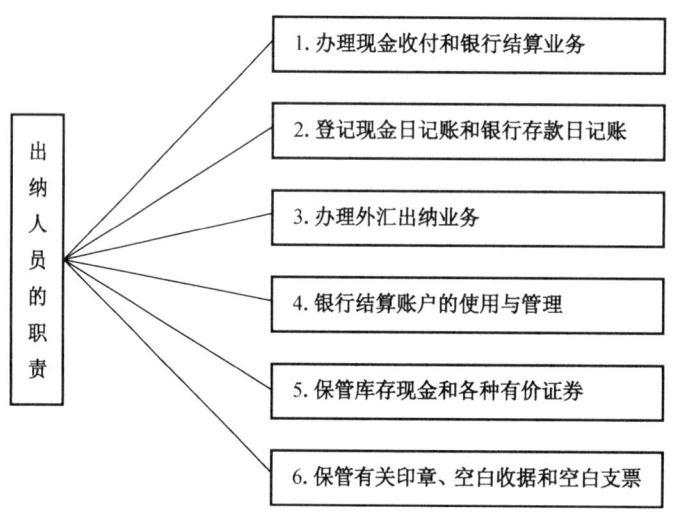

图1-2 出纳人员的职责

【例题5·多项选择题】 一般由出纳人员负责登记和保管的账簿有( )。

A. 现金日记账 B. 现金总账

C. 银行存款日记账 D. 银行存款总账

【答案】 AC

【解析】 出纳人员根据编制的收付款凭证逐笔顺序登记现金日记账和银行存款日记账,并结出余额。

3. 出纳人员的权限

(1) 维护财经纪律,执行财会制度,抵制不合法的收支和弄虚作假行为。《会计法》中对会计人员如何维护财经纪律提出了具体规定。这些规定,为出纳人员实行会计监督、维护财经纪律提供了法律保障。

（2）参与货币资金计划定额管理的权力。现金管理制度和银行结算制度是出纳人员开展工作必须遵照执行的法规,而执行这些法规,实际上是赋予了出纳人员对货币资金管理的职权。

（3）管好用好货币资金的权力。出纳工作每天和货币资金打交道,单位的一切货币资金往来都与出纳工作紧密相连,货币资金的来龙去脉,周转速度的快慢,出纳人员都清清楚楚。因此,提出合理安排利用资金的意见和建议,及时提供货币资金使用与周转信息,是出纳人员义不容辞的责任。

七、出纳人员与会计人员的关系

出纳人员与会计人员的关系如表1-2所示。

表1-2　出纳人员与会计人员的关系

关　　系	具　体　内　容
1. 各有各的分工	（1）会计主要负责企业经济业务的核算,为企业的经济管理和经营决策提供所需的核算资料。 （2）出纳则分管企业的货币资金、票据以及有价证券等的收付、保管、核算工作,为企业经济管理和经营决策提供各种金融信息
2. 两者互相依赖、互相牵制	（1）两者之间有着很强的依赖性。他们核算的依据是相同的,都是会计原始凭证和会计记账凭证。 （2）两者之间又互相牵制与控制。出纳的现金和银行存款日记账与会计的现金和银行存款总分类账,有金额上的等量关系
3. 两者的工作范围不同	出纳工作是一种账实兼管的工作,而会计主要是管账
4. 两者的职能不同	（1）出纳工作直接参与经济活动过程。 （2）会计一般不直接参与经济活动过程,而只对其进行反映和监督

八、出纳人员的基本素质

出纳人员的基本素质如图1-3所示。

【例题6·判断题】　出纳人员只需要懂得算账就可以,不需要了解国家的政策、法规。　　　　　　　　　　　　　　　　　　　　　　　　　　　　　　（　　）

【答案】　×

【解析】　要做好出纳工作的第一件大事就是学习、了解、掌握财经法规和制度,提高自己的政策水平。

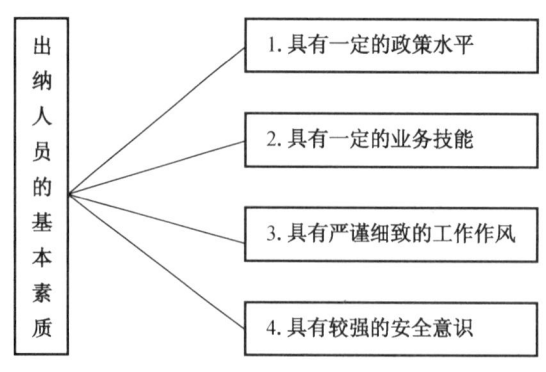

图 1-3 出纳人员的基本素质

九、出纳人员的职业道德

出纳人员的职业道德如表 1-3 所示。

表 1-3 出纳人员的职业道德

职能道德	具 体 内 容
1. 爱岗敬业,尽职尽责	爱岗敬业就是要求出纳人员要热爱本职工作,严肃认真地对待本职工作
2. 了解政策,熟悉法规	出纳人员应熟悉财经法律、法规及会计准则,始终坚持准则,确保所提供会计信息的真实性、完整性
3. 依法办事,规范操作	出纳人员应当按照会计法律、法规和国家统一会计制度规定的程序和要求进行工作
4. 客观公正,实事求是	出纳人员开展工作时,要端正态度、依法办事,做到公平公正、不偏不倚,保持应有的独立性
5. 诚实守信,保守秘密	出纳人员要谨慎从业,信誉至上,不为利益所诱惑,不伪造账目,不弄虚作假。同时,还应当保守本单位的商业秘密
6. 强化意识,提高服务	出纳人员必须端正服务态度,做到讲信誉、讲诚实、守原则、重承诺,真实、客观地核算单位的经济业务,努力维护和提升出纳职业的良好社会形象

【例题 7·单项选择题】 保密守信,不为利益所诱惑,体现的会计职业道德是(   )。

　　A. 参与管理　　　　B. 廉洁自律　　　　C. 提高技能　　　　D. 诚实守信

【答案】 D

【解析】 诚实守信原则是指出纳人员要谨慎从业,信誉至上,不为利益所诱惑,不伪造账目,不弄虚作假。同时,还应当保守本单位的商业秘密。

【例题 8·单项选择题】 忠于职守、尽职尽责,体现的会计职业道德是(   )。

A. 爱岗敬业　　　　B. 廉洁自律　　　　C. 客观公正　　　　D. 提高技能

【答案】　A

【解析】　爱岗敬业原则就是要求出纳人员要热爱本职工作,安心本职岗位,并为做好本职工作尽心尽力、尽职尽责。

十、出纳人员的配备

出纳人员的配备形式如表 1-4 所示。

表 1-4　企业出纳人员配备的形式

形　式	适　用　范　围
一人一岗	规模不大的单位出纳工作量不大,可设专职出纳人员一名
一人多岗	规模较小的单位,出纳工作量不大,可设兼职出纳人员一名。但出纳人员不得兼任收入、费用、债权、债务账目的登记工作及稽核工作和会计档案保管工作
一岗多人	规模较大的单位,出纳工作量较大,可设多名出纳人员,分管现金、银行存款、票据核算业务等

【例题 9·多项选择题】　出纳人员的配备一般可采用(　　　　)。

A. 一人一岗　　　　B. 一人多岗　　　　C. 一岗多人　　　　D. 多人多岗

【答案】　ABC

【解析】　出纳人员配备的多少,主要取决于本单位出纳业务量的大小和工作的繁简程度,一般可采用一人一岗、一人多岗和一岗多人的形式。

十一、出纳工作的回避要求

在出纳人员的配备过程中,应当贯彻出纳人员的回避制度。我国《会计基础工作规范》中已明确规定:"国家机关、国有企业、事业单位任用会计人员应当实行回避制度。单位领导人的直系亲属不得担任本单位的会计机构负责人、会计主管人员。会计机构负责人、会计主管人员的直系亲属不得在本单位会计机构中担任出纳工作。"

【例题 10·多项选择题】　实行回避制度单位的会计机构负责人、会计主管人员的(　　　　)不能在本单位担任出纳工作。

A. 配偶　　　　B. 儿女　　　　C. 兄弟　　　　D. 伯父

【答案】　ABCD

【解析】　需要回避的直系亲属为:夫妻关系、直系血亲关系、三代以内旁系血亲以及近姻亲关系。

十二、出纳业务账务处理流程

出纳业务账务处理流程如图 1-4 所示。

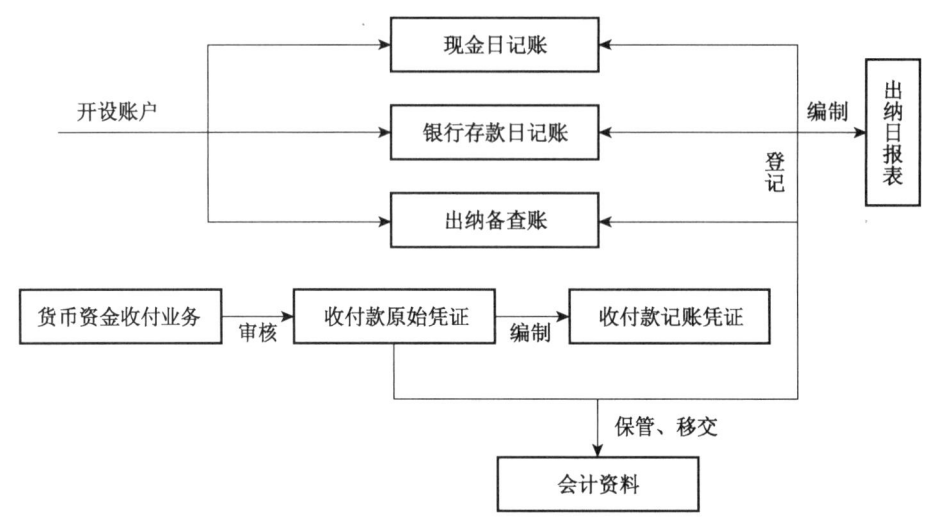

图 1-4　出纳业务账务处理流程

【例题 11·判断题】　出纳人员在收取现金时,无论是什么款项都可以收取,不用对其合法性负责。　　　　　　　　　　　　　　　　　　　　　　　　　　（　　）

【答案】　×

【解析】　出纳人员应对现金收入的真实性、合法性进行审核。

 思考与练习

一、单项选择题

1. 出纳人员向银行工作人员请教辨别假钞的技术,体现会计人员职业道德（　　）要求。

  A. 爱岗敬业   B. 提高技能

  C. 参与管理   D. 强化服务

2. 出纳工作的基本原则是（　　）。

  A. 内部牵制原则   B. 权责发生制原则

  C. 配比原则   D. 实质重于形式原则

3. 出纳人员可以兼任（　　）工作。

  A. 稽核

B. 收入、支出、费用、债权债务账目的登记

C. 会计档案保管

D. 无形资产明细账的登记

4. 下列说法中正确的是(　　)。

A. 出纳人员完全不能记账　　　　　B. 出纳人员可以记所有的账目

C. 出纳人员可以承担一部分记账　　D. 出纳人员不能登记日记账

5. "常在河边走,就是不湿鞋"体现了出纳职业道德(　　)的精神。

A. 爱岗敬业　　　B. 客观公正　　　C. 坚持准则　　　D. 廉洁自律

二、多项选择题

1. 回避制度中指的直系亲属是指(　　)。

A. 夫妻关系　　　　　　　　　　B. 直系亲属关系

C. 三代以内旁系血亲　　　　　　D. 近姻亲关系

2. 会计人员职业道德规范包括(　　)。

A. 爱岗敬业、诚实守信　　　　　B. 廉洁自律、客观公正

C. 坚持准则、提高技能　　　　　D. 参与管理、强化服务

3. 出纳人员的可以登记的账簿有(　　)。

A. 收入明细账　　　　　　　　　B. 应收账款总账

C. 库存现金日记账　　　　　　　D. 银行存款日记账

4. 资金支出的一般程序是(　　)。

A. 明确资金支出的金额和用途　　B. 付款审批

C. 办理付款　　　　　　　　　　D. 付款退回

5. 出纳人员不得兼任(　　)。

A. 会计档案保管　　　　　　　　B. 收入账的登记

C. 稽核　　　　　　　　　　　　D. 所有的记账工作

三、判断题

1. 出纳工作岗位可以一人一岗、一人多岗或者一岗多人。　　　　　　　(　　)

2. 为提高会计工作效率,经单位会计机构负责人批准,出纳人员可以兼管会计档案保管和债权债务账目的登记工作。　　　　　　　　　　　　　　　　(　　)

3. 出纳人员要对空白的支票要加强管理,对于作废的支票可以将其撕掉。(　　)

4. 在现金收款业务中,单位出纳员如发现假币就应马上没收。　　　　　(　　)

5. 在实际工作中,业务量较少的单位使用将现金日记账和银行存款日记账合为一本的出纳日记账。　　　　　　　　　　　　　　　　　　　　　　　(　　)

四、案例分析题

小张与小李都是应届会计学专业本科毕业生,同时应聘华夏有限责任公司的会计职位。财务经理对小张、小李面试的表现都十分满意,真是难以取舍! 在等待通知期间,小张、小李分别接到财务经理的来电:单位的出纳休产假 3 个月,担任会计期间同意兼任出纳吗? 小张说:"没问题! 年轻人应该在实践工作中多锻炼。"小李说:"不合适吧,会计不可以兼任出纳,经理还是另做安排。"

请问:华夏有限责任公司最终应录用小张还是小李? 为什么?

第二章 出纳基本业务技能

本章基本内容框架

会计数字的书写技能
- 阿拉伯数字的书写规范
- 中文大写数字的书写规范
- 电子数字的书写规范

点钞、验钞技能
- 点钞的基本知识
- 手工点钞的具体方法
  - 单指单张点钞方法
  - 多指多张点钞方法
  - 扇面式点钞方法
- 机器点钞的基本知识
- 验钞技能
- 残缺人民币兑换方法

翻打传票技能
- 翻打传票的基本知识
- 翻打传票的基本要求

保险柜使用技能
- 保险柜的购买配备
- 保险柜的管理
- 保险柜被盗的处理

电子密码支付器的使用
- 使用电子密码支付器的必要性
- 电子支付密码系统的原理及要求
- 支付密码的产生方式
- 支付密码的使用流程

票据及印章管理
- 支票的管理
- 有价证券的管理
- 收据的管理
- 印章的保管

重点、难点讲解及典型例题

一、会计数字的书写技能

（一）数字书写的基本要求

"小写金额"是指用阿拉伯数字表示的金额数字，通常用于各种原始凭证、记账凭证、账簿和报表上；"大写金额"是指用中文大写数字表示的金额数字，主要用于填写收款收据、支票、存取款单等重要原始凭证。数字书写的基本要求如图 2-1 所示。

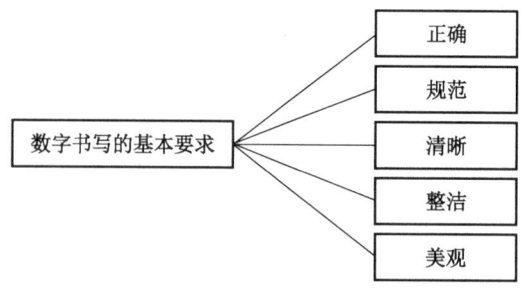

图 2-1　数字书写的基本要求

（二）会计数字小写的书写规范

（1）书写顺序：从左到右，由高到低，一个一个地书写，笔画要流畅，不能连笔。

（2）向左倾斜：数字与底线的夹角一般为 45 度～60 度左右。

（3）预留空格：紧贴底线，数字高度约占账表金额分位格的 1/2。

（4）大小一致：除"6""7"和"9"以外，其他数字大小、高低要一致；除"4""5"以外的数字，均应一笔写成。

总之，阿拉伯数字的宽窄与长短比例要匀称，力求美观、大方。

【例题 1·多项选择题】　下列各项中，关于"9"的书写要求说法正确的是（　　）。

A. "9"的下端应比其他数字长出 1/4

B. 应一笔写成，不能人为地增加数字的笔画

C. 下端不需紧贴底线，要悬空，居中书写

D. 数字与底线的夹角一般为 60 度左右

【答案】　ABD

【解析】　书写数字应自上而下，先左后右，写"7"和"9"时，上端比其他数字低 1/4，过底线的部分要占整个数字大小的 1/4，其他数字都要靠在底线上书写，不要悬空。

(三) 中文大写金额数字的书写要求

(1) 一律用正楷字体或行书字体书写,不得任意自造简化字。

(2) 大写金额前加写"人民币"字样,在"人民币"与大写金额数字之间不得留有空位。

(3) 正确运用"整"字。

① 中文大写金额到"元"为止的,应当写"整"或"正"字;

② 到"角"为止的,可不写;

③ 到"分"位的,不写"整"或"正"字。

(4) 有关"零"的写法。

① 阿拉伯数字中间有"0"时,只写一个"零"字;

② 万位或元位是"0",但千位、角位不是"0"时,可以不写"零"字。

(5) 大写金额"拾""佰""仟""万"等数字前必须冠有数量字"壹""贰""叁"……"玖"等,不可省略。

【例题 2·单项选择题】　¥4 408.08 的中文大写正确的是(　　)。

A. 人民币四千四百零八元八分

B. 肆仟肆佰零捌元零捌分

C. 人民币肆仟肆佰零捌元零捌分

D. 人民币肆仟肆佰捌元捌分

【答案】　C

【解析】　中文大写金额数字应一律用正楷或者行书字体书写,不得用中文小写一、二、三、四、五、六、七、八、九、十或廿、两、毛、另(或 0)、园等字样代替;中文大写金额前应加"人民币"字样;阿拉伯数字中间有"0"时,写"零"字。

(四) 中文大写日期的书写要求

中文大写日期的书写要求如图 2-2 所示。

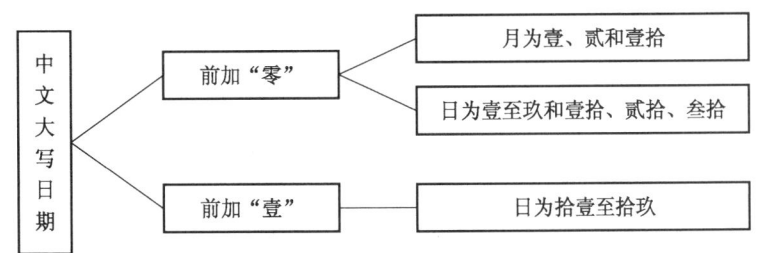

注:10月、10 日前既加"零"又加"壹",如零壹拾月零壹拾日。

图 2-2　中文大写日期的书写要求

【例题 3·单项选择题】　票据出票日期为"2 月 10 日",符合规定的中文大写日期是(　　)。

A. 贰月拾日   B. 贰月壹拾日

C. 零二月一拾日   D. 零贰月零壹拾日

【答案】 D

【解析】 为防止变造票据的出票日期,在填写月、日时,月为壹、贰和壹拾的,日为壹至玖和壹拾、贰拾、叁拾的,应在其前加"零";日为拾壹至拾玖的,应在其前面加"壹"。

(五)电子数字的书写规范

在用阿拉伯数字填写金额时,在金额首位之前加一个"￥"符号,既可防止在金额前添加数字,又可表明是人民币的金额。"￥"的电子书写主要有两种简捷方法:

(1)按"Shift"+"＄/4"组合键。将语言栏选择切换到中文状态(搜狗输入法、智能 ABC 都可以),然后按键盘"Shift"+"＄/4"组合键,中文状态是"￥",英文状态是"＄"。

(2)使用搜狗输入法时,直接输入人民币拼音的缩写,然后选择"￥"。

(3)在 Excel 表中输入当前日期或时间

如果要输入当前的日期或时间,可以使用快捷键进行快速输入:

输入当前的日期,按"Ctrl"+";"组合键;

输入当前的时间,按"Ctrl"+"Shift"+";"组合键。

【例题 4·判断题】 票据出票日期使用小写填写的,银行可以受理,但由此造成的损失由出票人承担。 ( )

【答案】 ×

【解析】 票据出票日期使用小写填写的,银行不予受理。大写日期未按要求规范填写的,银行可予受理,但由此造成损失的,由出票人自行承担。

二、点钞、验钞技能

(一)点钞的基本程序

点钞的基本程序:起钞→拆把→持钞→开扇→点钞→扎把→盖章。其中特别需要注意以下三点。

(1)起钞:由左手单手拿起一把待点的钞票做拆把准备。

(2)点数:手工点钞要求手中点钞、脑中记数;机器点钞要求机器清点、眼睛挑残。

(3)盖章:在扎好的钞票的腰条上加盖经办人员名章,以明确责任。

【例题 5·判断题】 在扎好的腰条上加盖经办人名章,主要目的是明确责任。

( )

【答案】 √

【解析】 加盖公章的目的是为了在发现钱币清点不准确或者有假币未挑出时,找到经手人,以负责单位发生的损失,做到责任到人。

(二)单指单张点钞方法

手持式单指单张点钞就是在清点钞票时左手持钞、右手拇指一次捻动一张钞票,逐张清点的方法,是实际工作当中最常用的一种点钞方法,可用于收款、付款和整点各种新旧大小钞券。这种点钞方法的优点是:持票人持票所占的票面较小,视线可及票面的 3/4,容易发现假币,挑残、破币也较方便。注意事项如下:

(1)右手拇指不能抬离票面,每一张捻动的位置应该相同,拇指接触票面的面积越小,速度越快。

(2)点钞时,票币的左下角要求在同一点上,左手的中指、无名指紧扣票币,以防票币随着捻动而散把。

(3)持钞时,捻钞的角度应与票面呈 $45°$ 角,并与在钞票背面的食指来回摩擦捻动,每捻开一张,右手无名指在被捻出的抄卷背面轻轻弹拨一次。

(4)左手持钞,右手点钞,眼睛紧盯捻动的钞票,同时脑中计数。手、眼、脑三位一体,协调配合,将钞票清点清楚。

【例题 6·单项选择题】 用手持式单指单张点钞法清点票币时,应用( )接触钞面边缘向怀内方向弹拨,以使钞票逐张脱离未点部分。

A. 左手食指   B. 右手食指

C. 左手无名指   D. 右手无名指

【答案】 D

【解析】 单指单张点钞方法捻钞时,每捻开一张,右手无名指在被捻出的钞券背面轻轻弹拨一次,以加快点钞速度,提高点钞效率。

(三)四指四张点钞方法

注意事项如下:

(1)清点时只转动手指,不能转动手腕,因手腕转动幅度大、动作慢,也容易疲劳。

(2)刚开始练习时,尽量加大之间的距离,以提高正确率,随着动作熟练程度的增加,动作可以慢慢变小、变轻柔。

(3)右手拇指往弧形上靠,小指、无名指、中指、食指在钞票的右下端轻轻捻动、放开,一次 4 张,100 张共需点 25 次。

(四)扇面式点钞方法

把钞票捻成扇面状进行清点的方法叫扇面式点钞法。这种点钞方法速度快,是手工点钞中效率最高的一种。但缺点是清点时往往只看票边,票面可视面极小,不便挑剔残破券和鉴别假票,不适用整点新、旧、破混合的钞券,只适合清点新票币。注意事项如下:

(1)开扇要快、要均匀,避免重叠。

（2）捻点钞票时,右手大拇指与食指交替按压扇形右上角每指5张或10张。刚开始练习时,每次按压的张数以5张为宜,随熟练程度的增加可逐渐增加至10张。

（3）清点时,采用分组记数法。

【例题7·单项选择题】 扇面点钞的难点是( )。

A. 开扇　　　　　　B. 清点　　　　　　C. 记数　　　　　　D. 持钞

【答案】 A

【解析】 扇面点钞的关键点和难点就是开扇,如果开扇开得不好,钞票之间出现重叠,会影响清点的准确性。

（五）机器点钞的注意事项

机器点钞连续操作,归纳起来要做到"五个二",即:

（1）二看:看清跑道票面,看准计数。

（2）二清:券别、把数分清,接钞台取清。

（3）二防:防留张,防机器吃钞。

（4）二复:发现钞券有裂缝和夹带纸片要复查,计数不准时要复查。

（5）二经常:经常检查机器底部,经常保养、维修点钞机。

（六）2015新版人民币100元纸币的防伪特征

1. 光变镂空开窗安全线

位于票面正面右侧,当观察角度由直视变为斜视时,安全线颜色由品红色变为绿色;透光观察时,可见安全线中正反交替排列的镂空文字"￥100"。

2. 光彩光变数字

在票面正面中部印有光彩光变数字。垂直观察票面,数字"100"以金色为主;平视观察,数字"100"以绿色为主。随着观察角度的改变,数字"100"颜色在金色和绿色之间交替变化,并可见到一条亮光带在数字上下滚动。

3. 人像水印

人像水印清晰度明显提升,层次更加丰富。透光观察,可见毛泽东头像。

4. 胶印对印图案

胶印对印图案由古钱币图案改为面额数字"100",并由票面左侧中间位置调整至左下角。

5. 横竖双号码

票面正面左下方采用横号码,其冠字和前两位数字为暗红色,后六位数学为黑色;右侧竖号码为蓝色。

6. 白水印

位于票面正面横号码下方。透光观察,可以看到透光性很强的水印面额数字"100"。

7. 雕刻凹印

票面正面毛泽东头像、国徽、"中国人民银行"行名、右上角面额数字、盲文及背面人民大会堂等均采用雕刻凹印印刷,用手指触摸有明显的凹凸感。

【例题 8·多项选择题】 2015 新版人民币与 2005 年版 100 元纸币的区别为(   )。

A. 取消了票面右侧的凹印手感线、隐形面额数字和左下角的光变油墨面额

B. 数字票面中部增加了光彩光变数字票面右侧增加了光变镂空开窗安全线和竖号码

C. 票面右上角面额数字由横排改为竖排,并对数字样式做了调整

D. 胶印对印图案由古钱币图案改为面额数字"100",并由票面左侧中间位置调整至左下角

【答案】 ABCD

【解析】 正面图案主要调整:①取消了票面右侧的凹印手感线、隐形面额数字和左下角的光变油墨面额数字。②票面中部增加了光彩光变数字,票面右侧增加了光变镂空开窗安全线和竖号码。③票面右上角面额数字由横排改为竖排,并对数字样式做了调整;中央团花图案中心花卉色彩由橘红色调整为紫色,取消花卉外淡蓝色花环,并对团花图案、接线形式做了调整;胶印对印图案由古钱币图案改为面额数字"100",并由票面左侧中间位置调整至左下角。

(七)残缺人民币兑换方法

(1)凡残缺人民币属于下列情况之一者,应持向中国人民银行照全额兑换:

① 票面残缺不超过 1/5,其余部分的图案、文字能照原样连接者。

② 票面污损、熏焦、水湿、油浸、变色,但能辨别真假,票面完整或残缺不超过 1/5,票面其余部分的图案、文字,能照原样连接者。

(2)票面残缺 1/5 以上至 1/2,其余部分的图案文字能照原样连接者,应持向中国人民银行照原面额半数兑换,但不得流通使用。

(3)凡残缺人民币属于下列情况之一者不予兑换:

① 票面残缺 1/2 以上者。

② 票面污损、熏焦、水湿、油浸、变色,不能辨别真假者。

③ 故意挖补、涂改、剪贴、拼凑,揭去一面者。

不予兑换的残缺人民币由中国人民银行打洞作废,不得流通使用。

三、翻打传票技能

(1)计算器的基本指法

计算器的基本指法如表 2-1 所示。

表 2-1　计算器的基本指法

键　位	功　能
0	由拇指负责
1、4、7	由食指负责
2、5、8、00	由中指负责
3、6、9、.	由无名指负责
+、-、×、÷、=	由小指负责

【例题 9·单项选择题】 根据电子计算器的指法,数字"1、4、7"应由（　　）负责。

A. 食指　　　　　　　　　　　　B. 中指

C. 无名指　　　　　　　　　　　D. 小指

【答案】 A

【解析】 在使用计算器时,数字键 1、4、7 由食指负责。

（二）翻打传票的基本要求

1. 桌面的摆放

当采用计算器作为计算工具时,传票本应放在左手边,计算器放在右手边,答题纸放在中间偏下方的位置。

【例题 10·单项选择题】 为方便计算,翻打传票在摆放时,传票本应放在（　　）。

A. 左手边　　　　　　　　　　　B. 右手边

C. 中间　　　　　　　　　　　　D. 下面

【答案】 A

【解析】 翻打传票前,应整理好桌面以提高计算速度。一般来讲,传票本应放在左手边。

2. 传票的整理

传票整理的步骤:

（1）传票的墩齐:检查完毕后,双手将传票侧立在桌面上,将传票墩齐。

（2）传票的开扇:用左手固定传票左侧,右手延传票边缘轻折二至三次使传票扇面呈 20 度～25 度。

（3）传票的固定:用夹子将传票左上角固定,以防止翻打传票时散乱。

（4）传票的检查:认真检查传票本是否有漏页、缺页、破页、重页、空白、错写或数字不清晰等现象。

【例题 11·单项选择题】 传票固定,应用夹子在传票（　　）位置固定。

A. 中间 B. 左上角

C. 左下角 D. 右上角

【答案】 B

【解析】 传票的固定:用夹子将传票左上角固定,以防止翻打传票时散乱。

3. 传票的翻页

传票的翻页的方法:

(1)用左手的小指、无名指、中指自然弯曲放在传票本的封面页的中部或中部稍左。

(2)用左手拇指翻页,每当拇指翻起一页传票后,食指迅速放进刚翻起的传票下面,将这页传票挡住。

4. 传票的翻页

左手翻页和右手录入计算要同时进行,左手每翻动一页,右手迅速将数字输入。

四、保险柜使用技能

(一)保险柜的管理

保险柜一般由总会计师或财务经理、财务总监授权,由出纳人员负责管理使用。

1. 保险柜钥匙的配备

保险柜必须配备两把钥匙:一把由出纳人员保管,供出纳人员每日工作时开启使用;另一把交由保卫部门封存,或由单位总会计师或财务经理负责保管,以备紧急情况下经有关领导批准后开启使用。出纳人员不能将保险柜钥匙交由他人代为保管。

【例题 12·多项选择题】 关于保险柜钥匙的配备,下列说法正确的是( )。

A. 保险柜必须配备两把钥匙

B. 钥匙可由出纳员保管,供出纳人员每日工作时开启使用

C. 钥匙可由保卫部门封存,或由单位总会计师或财务经理负责保管

D. 出纳人员不能将保险柜钥匙交由他人代为保管

【答案】 ABCD

【解析】 保险柜必须配备两把钥匙:一把由出纳人员保管,供出纳人员每日工作时开启使用;另一把交由保卫部门封存,或由单位总会计师或财务经理负责保管,以备紧急情况下经有关领导批准后开启使用。出纳人员不能将保险柜钥匙交由他人代为保管。

2. 保险柜的开启

保险柜必须由出纳人员开启使用,非出纳人员不得开启保险柜。若单位总会计师

或财务经理需要对出纳人员工作进行检查,比如,检查库存现金限额、其他特殊情况需要开启保险柜的,应根据规定的程序由总会计师或财务经理开启。在通常情况下,不得任意开启由出纳人员掌管使用的保险柜。

3. 保险柜财物的保管

每日下班前,出纳人员应将其使用的空白支票、收据、印章等放入保险柜内。保险柜内存放的现金应设置和登记现金日记账,其他有价证券、存折、票据等应根据种类造册登记,贵重物品应按种类设置备查簿,登记其质量、重量、金额等,所有财物应与账簿记录核对一致。按规定,保险柜内不得存放私人财物。

(二)保险柜密码管理

(1)出纳人员应将自己保管使用的保险柜密码熟记于脑,不得书面记载,严格保密,不得向他人泄露,以防被他人利用。

(2)密码应在本单位安保部门或财务负责人处备份封存,以备用。

(3)出纳调动岗位,新出纳人员应更换使用新的密码。

(4)下班前要锁好保险柜,打乱密码,将钥匙带走,印章和支票要分开保管;检查关闭好门窗、电器,开启报警装置(如有),锁好防盗门窗。

【例题 13·判断题】 出纳调动岗位或离职时,新出纳人员无需更换使用新的密码。 ( )

【答案】 ×

【解析】 出纳调动岗位,新出纳人员应更换使用新的密码。

(三)保险柜被盗的处理

出纳人员发现保险柜被盗后应迅速采取以下措施:

(1)保护好现场,禁止无关人员进入现场,不要触动现场任何物品。

(2)迅速报告公安机关(或保卫处),待公安机关勘查现场时才能清理财物被盗情况。

(3)不向无关人员泄露相关信息。

(4)回忆对破案可能有所帮助的信息。

(5)协助好侦破工作。

(6)节假日满两天以上或出纳人员离开两天以上没有派人代其工作的,应在保险柜锁孔处贴上封条,出纳人员到位工作时揭封。如发现封条被撕掉或锁孔处被弄坏,应迅速向公安机关或保卫部门报告,以使公安机关或保卫部门及时查清情况,防止不法分子进一步作案。

五、电子密码支付器的使用

电子支付密码系统的原理及要求如下:

（1）支付密码是根据票据号码、金额、账号、日期等信息计算出的一组 16 位密码，填写在票据上与印鉴结合作为付款依据。

（2）这种加密算法作为国家商用密码系统的核心机密，其安全性毋庸置疑，杜绝了伪造支付密码的情况。

（3）按照中国人民银行总行的要求，电子支付密码主要应用在支票（包括现金支票、转账支票）、汇总凭证（电汇、信汇凭证）、银行汇票申请书、银行本票申请书和人民银行规定的其他类票据上。

（4）企业在签发票据时将票据对应的支付密码填写在票据上，作为票据真伪的主要鉴定手段或印鉴的辅助鉴定手段。

（5）任何厂家的一台通用性支付密码器，都可以加载同一单位在不同银行的最多 20 个账号，可以在所有的银行使用。

六、票据及印章管理

（一）空白支票的保管

空白支票保管注意事项：

（1）贯彻票、印分管原则，即空白支票和印章应分别指定专人负责保管，不得由同一人负责保管。

（2）单位撤销、合并、结清账户时，应将剩余的空白支票，填列一式两联清单，全部交回银行注销。清单一联由银行盖章后退交收款人，另一联作为清户传票附件。

（3）对事先不能确定采购物资单价、金额的，经单位领导批准，可将填明收款人名称和签发日期的支票交采购人员，明确用途和款项限额，使用支票人员回单位后必须及时向财务部门结算。

（4）设置"空白支票签发登记簿"，经单位领导批准，出纳员签发空白支票后，应在"空白支票签发登记簿"加以登记。

【例题 14·判断题】　空白支票应贯彻票、印分管原则，即空白支票和印章应分别指定专人负责保管，不得由同一人负责保管。　　　　　　　　　　（　　）

【答案】　√

【解析】　支票是一种支付凭证，一旦填写了有关的内容，并加盖预留在银行的印鉴后，即可直接从银行提取现金，或与其他单位进行结算。因此，存有空白支票的单位，对空白支票必须严格管理。空白支票应贯彻票、印分管原则，即空白支票和印章应分别指定专人负责保管，不得由同一人负责保管。

（二）支票遗失管理

已签发的现金支票遗失，可以向银行申请挂失；已签发的转账支票遗失，可请求收款人协助防范。

到开户行申请挂失,填写《支票挂失申请书》,载明申请人(权利人)名称、支票丧失原因、支票种类、出票人户名、账号、支票号码、支票金额和出票日期等,并在挂失申请书上签字或盖章交给开户银行,在挂失止付后 3 日内到人民法院申请公示催告即可。

(三)有价证券的保管

由于有价证券能够变现,具有与现金相同的性质和价值,所以,企业持有的有价证券必须由出纳员按照与货币资金相同的要求进行管理。

1. 实行账证分管

账证分管就是指由会计部门管账、出纳部门管证,这样可以相互牵制、互相核对。

2. 按货币资金的管理要求进行管理

有价证券的变现能力很强,具有与现金相同的性质和价值。有价证券必须由出纳员分类整齐地摆放在保险柜内保管,切忌由经办人自行保管。此外,还要随时或定期进行抽查与盘点。出纳员对自己保管的各种有价证券的面额和号码应保守秘密。

3. 专设出纳账进行详细核算

出纳员对自己负责保管的各种有价证券,要专设出纳账进行详细核算,并由总账会计的总分类账进行控制。

4. 非出纳人员使用有价证券

当业务人员提取有价证券时,出纳人员应要求其办理类似现金借据的正规手续,以此作为支付凭证。业务办理完毕后,业务人员应交还有价证券,并由出纳人员在借据上加盖注销章后退还出具人。

5. 建立有价证券购销明细表

为了及时掌握各种证券的到期时间,出纳人员可以通过编制"有价证券购销明细表"来避免失误,"有价证券购销明细表"详细标明各种有价证券的购入与到期时间,也可以通过同时按证券种类和批次设置明细账并在摘要栏注明到期日的办法,来提供有价证券的购销时间。

(四)收据的保管

公司的收据由财务部统一印制(购买),出纳负责使用和登记,出纳应设立《收据使用登记本》于使用时进行登记,开具收据时必须注明客户名、金额、收款时间、款项性质、交款人和收款人等事项;收据除了出纳可以使用外,只有公司经理可以领用,工程经理若代收工程款,统一到出纳处领取收据,出纳根据预计要收的金额先开好收据,然后在 24 小时内将收回的款项准时入账,由于收据丢失等原因所造成的一切损失一律由当事人承担,其他人员一律不得借领收据。

【例题 15·多项选择题】 开具收据时必须注明的事项有(　　　　)。

A. 客户名　　　　B. 金额　　　　　C. 收款时间　　　D. 收款人

【答案】 ABCD

【解析】 公司的收据由财务部统一印制(购买),开具收据时必须注明客户名、金额、收款时间、款项性质、交款人和收款人等事项。

(五) 出纳常用印章

出纳常用印章如图2-3所示。

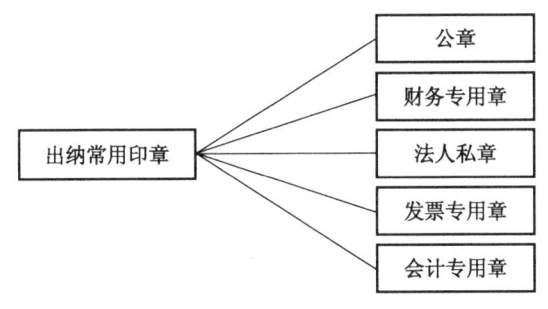

图 2-3　出纳常用印章

(六) 印章的保管

出纳人员使用的财务印章必须妥善保管,严格按照规定的用途使用,不得将印章随意存放或带出工作单位。用于签发支票的各种预留银行印鉴应由主管会计人员或其他指定人员保管,不得由出纳人员一人保管。公司财务印鉴分为财务专用章和企业法人名章,应分别保管,由出纳掌管财务专用章,公司经理保管法人名章,印章使用时必须经公司经理批准并在《印章使用登记簿》上登记。

 思考与练习

一、单项选择题

1. "¥3 050.25"的大写金额可写为(　　　　)。

A. 人民币三千零五十元二角五分

B. 人民币三千零五十元二角五分

C. 叁仟零伍拾元贰角伍分

D. 人民币叁仟零伍拾元贰角伍分

2. 实际工作中应用最广泛的点钞方法是(　　　　)。

A. 手持式单指单张点钞方法

B. 手按式单指单张点钞方法

C. 扇面点钞

D. 手持式多指多张点钞方法

3. 在传票整理时,需要轻折传票,以使传票呈( )角。

A. 10°～15°　　　　　　　　　　　B. 20°～25°

C. 30°～35°　　　　　　　　　　　D. 40°～45

4. 单位除在( )情况下,应将剩余的空白支票,填列一式两联清单,全部交回银行注销。

A. 合并　　　　B. 结清　　　　C. 撤销　　　　D. 搬迁

5. 电子支付密码器计算出的密码是( )位密码。

A. 12　　　　　B. 10　　　　　C. 16　　　　　D. 14

二、多项选择题

1. 下列各项中,关于会计数字的说法正确的有( )。

A. 书写数字应由高位到低位,从左到右,认真书写,不得连笔写,以免分辨不清

B. 书写阿拉伯数字时,自右上方向左下方倾斜地写,数字与底线的夹角一般为60度左右

C. 数字高度约占账表凭证金额分位格的1/2,这样既美观又便于改错

D. 除"6""7"和"9"以外,其他数字大小、高低要一致

2. 常见的扎把方法有( )。

A. 缠绕式扎把法　　　　　　　　B. 中间夹条法

C. 双端拧结法　　　　　　　　　D. 扭结法

3. 在计算机的数字小键盘上,无名指应负责的键位有( )。

A. 3　　　　　B. 6　　　　　C. /　　　　　D. *

4. 企业拥有的有价证券通常包括( )。

A. 国库券　　　　　　　　　　　B. 商业发票

C. 金融债券　　　　　　　　　　D. 股票

5. 出纳常用印章有( )。

A. 财务专用章　　　　　　　　　B. 银行收讫

C. 法人私章　　　　　　　　　　D. 现金付讫

三、判断题

1. 数字书写高度约占账表金额分位格的1/2,数字间不能留有空格。　　　　( )

2. 对兑换的残缺、污损人民币硬币,金融机构应当面使用专用袋密封保管,并在袋外封签上加盖"兑换"戳记。　　　　( )

3. 保险柜的钥匙,只能有一把,并且由出纳员保管。　　　　( )

4. 有价证券的保管实行账证分管,由会计部门管账、出纳部门管证,这样可以相互牵制、互相核对。　　　　　　　　　　　　　　　　　　　　　　　　　（　　）

5. 用于签发支票的各种预留银行印鉴应由主管会计人员或其他指定人员保管,不得由出纳员一人保管。　　　　　　　　　　　　　　　　　　　　　　　　（　　）

四、思考与解答

1. 手工点钞的基本程序、基本要求是什么?

2. 支票遗失应如何处理?

3. 印章遗失或需要更换预留银行印鉴应如何处理?

五、技能训练

1. 点钞基本功训练。

(1) 练手。

要求:手指活动要灵活,接触的感觉要灵敏,动作的幅度要小,捻钞不重张,以提高捻钞速度。

(2) 练眼力。

要求:眼睛与手相互配合,在手指迅速捻动票币的过程中,能辨别张数、钞票真假。

(3) 练记数。

要求:大脑与手、眼协作,时刻掌握清点的张数。

2. 计算器翻打传票 20 页规则题型练习。如表 2-2 所示。

表 2-2　计算器翻打传票规则题型练习

序　号	起止页数	行　次	答　案	行　次	答　案
1	1～20	(二)		(三)	
2	21～40	(二)		(三)	
3	41～60	(二)		(三)	
4	61～80	(二)		(三)	
5	81～100	(二)		(三)	
6	1～20	(四)		(五)	
7	21～40	(四)		(五)	
8	41～60	(四)		(五)	
9	61～80	(四)		(五)	
10	81～100	(四)		(五)	

3.阿拉伯数字书写、中文大写数字书写练习。共有10组练习,如表2-3至表2-22所示。

表2-3　阿拉伯数字书写练习

日期:_____　　　　　　　　完成时间:_____分

千	百	十	万	千	百	十	元	角	分	千	百	十	万	千	百	十	元	角	分	千	百	十	万	千	百	十	元	角	分

将0～9这10个阿拉伯数字反复书写30遍,且符合标准。财会专业的学生要求达到三级标准,非财会专业要求达到四级标准。你达到了几级?

一级2.5分钟以内完成;二级3分钟以内完成;三级3.5分钟以内完成;四级4分钟以内完成。

表2-4　出纳人员常用文字书写纸

日期:_____　　　　　　　　完成时间:_____分

零	壹	贰	叁	肆	伍	陆	柒	捌	玖	拾	佰	仟	万	亿	元	整

表 2-5　阿拉伯数字书写练习

日期：_____　　　　　　　　　　　　　　完成时间：_____ 分

千	百	十	万	千	百	十	元	角	分	千	百	十	万	千	百	十	元	角	分	千	百	十	万	千	百	十	元	角	分

　　将 0～9 这 10 个阿拉伯数字反复书写 30 遍，且符合标准。财会专业的学生要求达到三级标准，非财会专业要求达到四级标准。你达到了几级？

　　一级 2.5 分钟以内完成；二级 3 分钟以内完成；三级 3.5 分钟以内完成；四级 4 分钟以内完成。

表 2-6　出纳人员常用文字书写纸

日期：_____　　　　　　　　　　　　　　完成时间：_____ 分

零	壹	贰	叁	肆	伍	陆	柒	捌	玖	拾	佰	仟	万	亿	元	整

表 2-7　阿拉伯数字书写练习

日期：_____　　　　　　　　　　完成时间：_____ 分

千	百	十	万	千	百	十	元	角	分	千	百	十	万	千	百	十	元	角	分	千	百	十	万	千	百	十	元	角	分

　　将 0～9 这 10 个阿拉伯数字反复书写 30 遍,且符合标准。财会专业的学生要求达到三级标准,非财会专业要求达到四级标准。你达到了几级?

　　一级 2.5 分钟以内完成;二级 3 分钟以内完成;三级 3.5 分钟以内完成;四级 4 分钟以内完成。

表 2-8　出纳人员常用文字书写纸

日期：_____　　　　　　　　　　完成时间：_____ 分

零	壹	贰	叁	肆	伍	陆	柒	捌	玖	拾	佰	仟	万	亿	元	整

表 2-9　阿拉伯数字书写练习

日期：_____　　　　　　　　　　　完成时间：_____ 分

千	百	十	万	千	百	十	元	角	分	千	百	十	万	千	百	十	元	角	分	千	百	十	万	千	百	十	元	角	分

　　将 0～9 这 10 个阿拉伯数字反复书写 30 遍,且符合标准。财会专业的学生要求达到三级标准,非财会专业要求达到四级标准。你达到了几级?

　　一级 2.5 分钟以内完成;二级 3 分钟以内完成;三级 3.5 分钟以内完成;四级 4 分钟以内完成。

表 2-10　出纳人员常用文字书写纸

日期：_____　　　　　　　　　　　完成时间：_____ 分

零	壹	贰	叁	肆	伍	陆	柒	捌	玖	拾	佰	仟	万	亿	元	整

表 2-11　阿拉伯数字书写练习

日期：_____　　　　　　　　　　完成时间：_____ 分

千	百	十	万	千	百	十	元	角	分	千	百	十	万	千	百	十	元	角	分	千	百	十	万	千	百	十	元	角	分

　　将 0～9 这 10 个阿拉伯数字反复书写 30 遍,且符合标准。财会专业的学生要求达到三级标准,非财会专业要求达到四级标准。你达到了几级?

　　一级 2.5 分钟以内完成;二级 3 分钟以内完成;三级 3.5 分钟以内完成;四级 4 分钟以内完成。

表 2-12　出纳人员常用文字书写纸

日期：_____　　　　　　　　　　完成时间：_____ 分

零	壹	贰	叁	肆	伍	陆	柒	捌	玖	拾	佰	仟	万	亿	元	整

表 2-13　阿拉伯数字书写练习

日期：_____　　　　　　　　　　　　　完成时间：_____ 分

千	百	十	万	千	百	十	元	角	分	千	百	十	万	千	百	十	元	角	分	千	百	十	万	千	百	十	元	角	分

　　将 0～9 这 10 个阿拉伯数字反复书写 30 遍，且符合标准。财会专业的学生要求达到三级标准，非财会专业要求达到四级标准。你达到了几级？

　　一级 2.5 分钟以内完成；二级 3 分钟以内完成；三级 3.5 分钟以内完成；四级 4 分钟以内完成。

表 2-14　出纳人员常用文字书写纸

日期：_____　　　　　　　　　　　　　完成时间：_____ 分

零	壹	贰	叁	肆	伍	陆	柒	捌	玖	拾	佰	仟	万	亿	元	整

表 2-15　阿拉伯数字书写练习

日期：_____　　　　　　　　　　　　　　　完成时间：_____ 分

千	百	十	万	千	百	十	元	角	分	千	百	十	万	千	百	十	元	角	分	千	百	十	万	千	百	十	元	角	分

　　将 0～9 这 10 个阿拉伯数字反复书写 30 遍，且符合标准。财会专业的学生要求达到三级标准，非财会专业要求达到四级标准。你达到了几级？

　　一级 2.5 分钟以内完成；二级 3 分钟以内完成；三级 3.5 分钟以内完成；四级 4 分钟以内完成。

表 2-16　出纳人员常用文字书写纸

日期：_____　　　　　　　　　　　　　　　完成时间：_____ 分

零	壹	贰	叁	肆	伍	陆	柒	捌	玖	拾	佰	仟	万	亿	元	整

表 2-17　阿拉伯数字书写练习

日期：_____　　　　　　　　　　完成时间：_____ 分

千	百	十	万	千	百	十	元	角	分	千	百	十	万	千	百	十	元	角	分	千	百	十	万	千	百	十	元	角	分

　　将 0～9 这 10 个阿拉伯数字反复书写 30 遍，且符合标准。财会专业的学生要求达到三级标准，非财会专业要求达到四级标准。你达到了几级？

　　一级 2.5 分钟以内完成；二级 3 分钟以内完成；三级 3.5 分钟以内完成；四级 4 分钟以内完成。

表 2-18　出纳人员常用文字书写纸

日期：_____　　　　　　　　　　完成时间：_____ 分

零	壹	贰	叁	肆	伍	陆	柒	捌	玖	拾	佰	仟	万	亿	元	整

表 2-19　阿拉伯数字书写练习

日期：_____　　　　　　　　　　　　　　完成时间：_____分

千	百	十	万	千	百	十	元	角	分	千	百	十	万	千	百	十	元	角	分	千	百	十	万	千	百	十	元	角	分

　　将 0～9 这 10 个阿拉伯数字反复书写 30 遍，且符合标准。财会专业的学生要求达到三级标准，非财会专业要求达到四级标准。你达到了几级？

　　一级 2.5 分钟以内完成；二级 3 分钟以内完成；三级 3.5 分钟以内完成；四级 4 分钟以内完成。

表 2-20　出纳人员常用文字书写纸

日期：_____　　　　　　　　　　　　　　完成时间：_____分

零	壹	贰	叁	肆	伍	陆	柒	捌	玖	拾	佰	仟	万	亿	元	整

表 2-21 阿拉伯数字书写练习

日期：_____ 完成时间：_____ 分

千	百	十	万	千	百	十	元	角	分	千	百	十	万	千	百	十	元	角	分	千	百	十	万	千	百	十	元	角	分

　　将 0～9 这 10 个阿拉伯数字反复书写 30 遍,且符合标准。财会专业的学生要求达到三级标准,非财会专业要求达到四级标准。你达到了几级?

　　一级 2.5 分钟以内完成;二级 3 分钟以内完成;三级 3.5 分钟以内完成;四级 4 分钟以内完成。

表 2-22 出纳人员常用文字书写纸

日期：_____ 完成时间：_____ 分

零	壹	贰	叁	肆	伍	陆	柒	捌	玖	拾	佰	仟	万	亿	元	整

六、案例分析题

小王是公司出纳。2020 年春节放假期间财务室被盗,保险柜里的一万多元现金被洗劫一空,小王虽然有不可推卸的责任,但是他并没有因此而慌张,而是立刻保护好现场,迅速向公安机关报案,然后通知了公司保卫处。待公安机关侦查了现场后,才清理了被盗现场,并积极配合公安机关和公司进行相关情况的调查。

请问:上述案例中出纳小王的做法是否正确?为什么?

第三章　出纳凭证及账簿

 本章基本内容框架

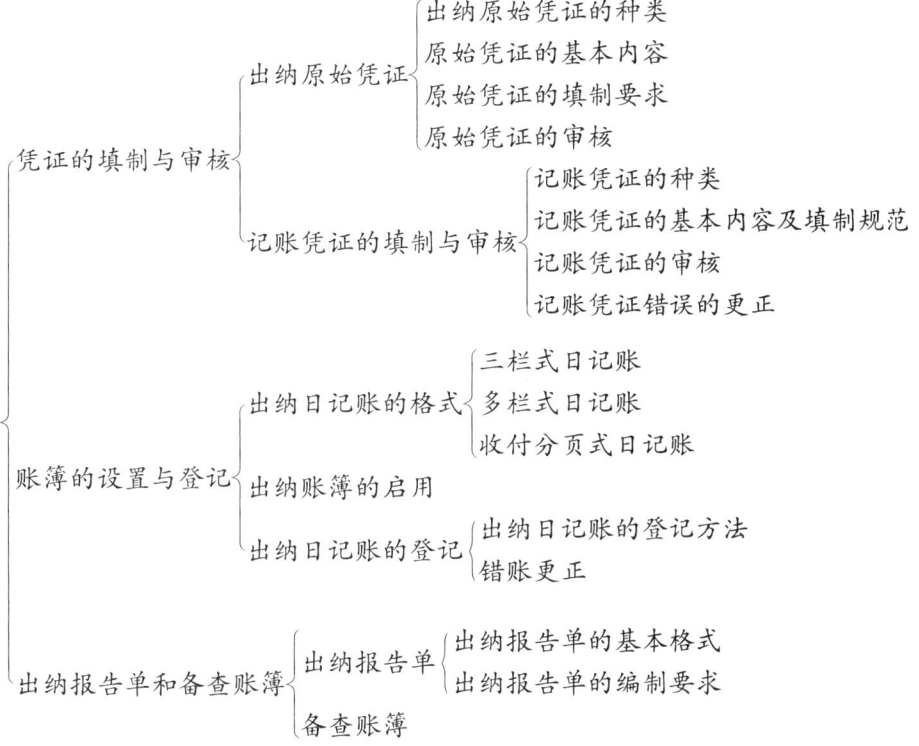

 重点、难点讲解及典型例题

一、出纳原始凭证的种类

原始凭证是进行会计核算的原始资料,对于出纳人员而言,凡是涉及现金收付、银行结算及外汇收付和结算的业务,都必须取得或填制原始凭证。

原始凭证按照取得的来源,可分为自制原始凭证和外来原始凭证,如图 3-1 所示。

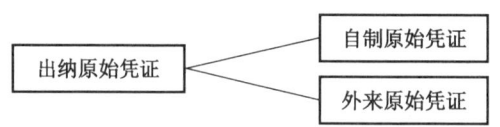

图 3-1 出纳原始凭证

【例题 1·单项选择题】 下列属于外来原始凭证的是（ ）。

A. 借款单　　　　　　　　　　　　　B. 费用报销单

C. 工资汇总表　　　　　　　　　　　D. 购货发票

【答案】 D

【解析】 外来原始凭证是指在经济业务发生或完成时,从其他单位或个人直接取得的原始凭证。所以,D 是答案。选项 A、B、C 属于自制原始凭证。

二、原始凭证的基本内容

虽然不同的原始凭证反映不同的经济业务内容、有不同的格式,但都包含以下七项内容,如图 3-2 所示。

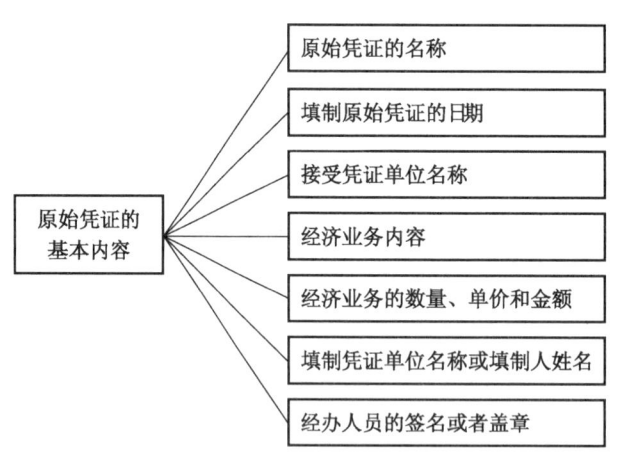

图 3-2 原始凭证的基本内容

【例题 2·多项选择题】 原始凭证的基本内容包括（ ）。

A. 填制原始凭证的日期

B. 经济业务内容

C. 数量、单价、金额

D. 会计科目

【答案】 ABC

【解析】 会计科目是记账凭证的基本内容。

三、原始凭证的填制要求

原始凭证是具有法律效力的证明文件,是进行会计核算的重要依据。原始凭证的填制必须符合以下七项基本要求:记录真实;内容完整;手续完备;书写清楚、规范;连续编号;不得涂改、刮擦、挖补;填制及时。

(1)记录真实:原始凭证上记录的经济业务必须与实际发生的情况相符,不得弄虚作假。原始凭证的填制日期、经济业务的内容和数字要真实,不得随意填写。

(2)内容完整:按规定格式和内容逐项填写齐全。

(3)手续完备:自制的原始凭证,应有经办人、负责人、审核人、签领人的签名或盖章;从外单位取得的原始凭证,除某些特殊的外来原始凭证如火车票、汽车票外,必须盖有填制单位的公章或财务专用章;从个人处取得的原始凭证,必须有填制人员的签名或签章;购买实物的原始凭证,必须有验收证明;支付款项的原始凭证,必须有收款单位和收款人的收款证明,付款人不能自己证明自己已付出款项;出纳人员在办理收款或付款业务后,应在凭证中加盖"收讫"或"付讫"的戳记,以避免重收重付。

(4)书写清楚、规范:原始凭证上的文字和数字要按规定书写,字迹要工整、清晰,易于辨认,不得使用未经国务院颁布的简化字。

(5)连续编号:各种凭证要连续编号,以便查考。如果凭证已预先印定编号,如发票、支票等重要凭证,在需要作废时,应加盖"作废"戳记,妥善保管,不得撕毁。

(6)不得涂改、刮擦、挖补:原始凭证金额有误的,应当由原出具单位重开,不得在原始凭证上更正。原始凭证有其他错误的,应当由原出具单位重开或更正,更正处应当加盖出具单位印章。

(7)填制及时:原始凭证应在经济业务发生或完成时及时填制,并按规定的程序和手续传递给有关部门,以便及时办理后续业务,进行会计审核和记账。

【例题3·判断题】 从外单位取得的原始凭证,必须盖有填制单位的公章。

(　　)

【答案】 ×

【解析】 从外单位取得的原始凭证,除某些特殊的外来原始凭证(如火车票、汽车票)外,必须盖有填制单位的公章或财务专用章。

【例题4·单项选择题】 关于票据或结算凭证的金额,下列说法正确的是(　　)。

A. 大小写金额可以不一致

B. 大小写金额必须一致

C. 若大写金额填错,可以按规定进行更正

D. 若小写金额填错,可以按规定进行更正

【答案】 B

【解析】 票据和结算凭证金额以中文大写和阿拉伯数字同时记载,两者必须一致。同时,原始凭证金额有误的,应当由原出具单位重开,不得在原始凭证上更正。

四、原始凭证的审核

原始凭证所提供的数据,是会计账务处理的原始依据,只有经过审核无误后,才能在会计上予以确认。出纳人员在审核原始凭证时,应主要审核原始凭证的真实性、合法性、合理性、完整性和正确性。具体如表3-1所示。

表3-1 原始凭证的审核内容

序号	审核内容	具体说明
1	真实性审核	(1)审核经济业务双方当事单位和当事人是否是真实的。 (2)经济业务发生的时间、地点、填制凭证的日期是否真实的。 (3)经济业务的"量"、单价、金额是否是真实的
2	合法性审核	(1)审核记录的经济业务是否符合有关法律、法令、制度和政策。 (2)若发现有违法违纪行为,要拒绝执行,并向有关部门与领导汇报
3	合理性审核	(1)原始凭证所记录的经济业务是否符合企业有关的计划和预算。 (2)审核所发生的经济业务是否符合例行节约、有利于提高经济效益的原则
4	完整性审核	(1)审核双方经办人是否签字或签章,需要旁证的原始凭证,是否有相应的旁证。 (2)不需要入库的物品,发货票上是否有使用证明人的全名。 (3)需要另行登记的原始凭证,是否在登记以后再到会计部门报账。 (4)需经领导人签名批准的原始凭证,是否有相关领导人的亲笔签名
5	正确性审核	主要看原始凭证的填写是否符合要求,有无张冠李戴、计算错误、大小写不符的现象

【例题5·多项选择题】 原始凭证审核的内容包括( )。

A. 经济业务内容是否真实　　　　　　B. 会计科目使用是否正确

C. 应借应贷方向是否正确　　　　　　D. 经济业务是否有违法乱纪行为

【答案】 AD

【解析】 原始凭证的审核内容主要包括:真实性、合法性、合理性、完整性、正确性和及时性。所以,AD是答案。选项B、C属于记账凭证审核的内容。

五、记账凭证的基本内容及填制规范

在实际工作中,记账凭证的种类和格式不尽相同,但作为确定会计分录、登记账簿的依据,必须具备以下七项基本内容。具体如表 3-2 所示。

表 3-2　记账凭证的基本内容及填制规范

序号	基本内容	填 制 规 范
1	填制凭证的日期	一般应为编制记账凭证当天的日期。对于出纳业务而言,收款凭证和付款凭证按规定应在经济业务发生的当天及时填制,这样才能做到日清
2	凭证编号	(1) 记账凭证必须连续编号,以便查核。 (2) 采用通用记账凭证的,可按经济业务发生的先后顺序编号,每月从第 1 号编起,如"记 1、记 2、…",如果一项经济业务需要填制多张记账凭证的,可采用分数编号法。 (3) 如果采用专用记账凭证,可以按月分类编号,如"收 1、收 2、…""付 1、付 2、…""转 1、转 2、…"或"现收 1、现收 2、…""银收 1、银收 2、…""币收 1、币收 2、…""银付 1、银付 2、…""转 1、转 2、…""币付 1、币付 2、…"等
3	经济业务摘要	应简单明了地填写经济业务内容,文字说明要简练概括,同时,要突出说明经济事项的内容。填好摘要栏对于查阅凭证、登记账簿是十分必要的,是做好记账工作的一个重要方面
4	会计科目	会计科目的使用必须正确,应借应贷账户的对应关系必须清晰。编制复合分录时,不能多借多贷,只能一借多贷或多借一贷,防止账户对应关系不清。对于收款凭证,借方科目为"库存现金"或"银行存款"等;对于付款凭证,贷方科目为"库存现金"或"银行存款"等
5	金额	金额的登记方向必须正确,符合数字书写规范,角、分位不留空白,多余的金额栏应划斜线注销,同时要加计合计数
6	所附原始凭证张数	必须注明所附原始凭证的张数,以便日后查阅原始凭证
7	相关人员的签章	记账凭证填制完毕后,应由填制凭证人员、稽核人员、记账人员、会计机构负责人(会计主管人员)签章,收款和付款记账凭证还应当由出纳人员签名或者盖章,以便明确各自的责任

六、记账凭证的审核

所有填制完毕的记账凭证,都必须由其他会计人员进行认真的审核。在审核记账凭证的过程中,如发现记账凭证有误,应按照规定的方法及时更正,只有审核无误的记账凭证,才能作为登记账簿的依据。记账凭证审核的内容主要包括:内容是否真实、项目是否齐全、科目是否正确、金额是否正确、书写是否规范、手续是否完备。

(1) 记账凭证是否附有原始凭证,记账凭证的经济内容是否与所附原始凭证的内容相同。

（2）应借应贷的会计账户对应关系是否清晰、金额是否正确。

（3）记账凭证中的项目是否填制完整,摘要是否清楚,有关人员的签章是否齐全。

七、记账凭证错误的更正

出纳人员在编制记账凭证的过程中有时会因工作疏忽、业务不熟等原因发生错误,如会计账户借贷方向记反、会计科目使用不当、写错金额等。记账凭证错误的情形及其更正方法如图3-3所示。

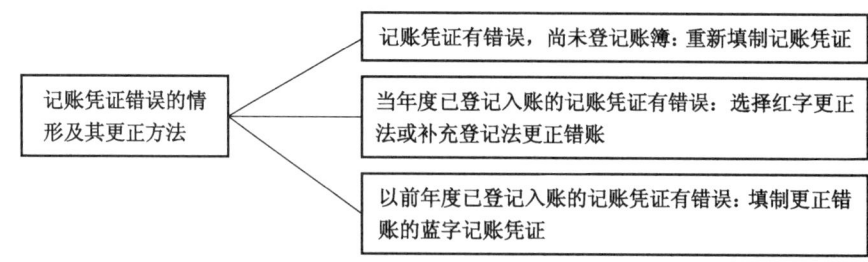

图 3-3 记账凭证错误的情形及其更正方法

（1）记账凭证发生错误后,如尚未登记账簿,应重新填制记账凭证,原错误记账凭证予以作废或撕毁。

（2）对于当年度已登记入账的错误记账凭证,应根据具体情况,采用红字更正法或补充登记法予以更正。

（3）若发现以前年度已登记入账的记账凭证有错误的,应当用蓝字填制一张更正的记账凭证,并在摘要栏注明"更正×年×月×日第×号凭证"字样。

【例题6·判断题】 发现以前年度记账凭证有错误,不必用红字冲销,直接用蓝字填制一张更正的记账凭证。   （   ）

【答案】 √

【解析】 以前年度已登记入账的记账凭证有错误的,应当用蓝字填制一张更正的记账凭证,并在摘要栏注明"更正×年×月×日第×号凭证"字样。

八、出纳日记账的登记方法

日记账通常由出纳人员根据审核无误的收款凭证、付款凭证逐日逐笔顺序登记。其登记内容及方法如下:

（1）"日期"栏:应填入据以登记账簿的记账凭证上的日期。

（2）"凭证字、号"栏:应填入据以登记账簿的记账凭证的类型及编号。

（3）"摘要"栏:简要说明经济业务的内容,力求简明扼要。

（4）"对应科目"栏：登记收入的来源科目或支出的用途科目，其作用在于了解资金的来龙去脉。在填写对应科目时，应注意以下三点：

① 对应科目只填总账科目，不需填明细科目。

② 对应科目有多个时，应填入主要对应科目，而不能将一笔资金增减业务拆分成多个对应科目金额填入多行。

③ 当对应科目有多个且不能从科目上划分出主次时，可在对应科目栏中填入其中金额较大的科目，并在其后加上"等"字。

（5）"借方"栏、"贷方"栏：应根据相关凭证中记录的账户借贷方向及金额记入。

（6）"余额"栏：应根据"本行余额＝上行余额＋本行借方－本行贷方"公式计算填入。

正常情况下库存现金、银行存款不允许出现贷方余额，因此日记账余额栏前未印有借贷方向，其余额方向默认为借方。若在登记日记账过程中，由于登账顺序等特殊原因出现了贷方余额，则在余额栏用红字登记，表示贷方余额。

【例题7·多项选择题】 日记账账页的内容包括（　　　）。

A. 日期栏　　　　　B. 摘要栏　　　　　C. 金额栏　　　　　D. 记账标记

【答案】 ABC

【解析】 选项D属于记账凭证的内容。

九、出纳报告单

出纳人员在记账后，应根据现金日记账、银行存款日记账、有价证券明细账等核算资料，定期编制出纳报告单，报告本单位一定时期内库存现金、银行存款、有价证券的收支和结存情况，并据以与总账会计核对期末余额。

出纳报告单属于单位内部报告，在形式上具有较大的灵活性，其编制要求主要有：

（1）编制要及时：出纳报告单的报告期可与本单位总账汇总记账的周期相一致。

（2）账表内容必须一致：出纳报告单上的项目内容应当与出纳日记账、有关明细账和备查账簿内容相符。

（3）项目填写符合要求：

① 上期结存数是指报告期前一期期末结存数，即本期报告前一天的账面结存金额，也是上一期出纳报告单的"本期结存"数。

② 本期收入按账面本期合计借方数字填列。

③ 本期支出按账面本期合计贷方数字填列。

④ 期末结存是指本期期末账面结存数字，期末结存＝上期结存＋本期收入－本期支出。

（4）报送范围和程序要确定。

十、备查账簿

备查账簿又称辅助登记簿或补充登记簿，是指对某些在序时账簿和分类账簿中未能记载或记载不全的经济业务进行补充登记的账簿。备查账簿的格式一般由各单位根据需要自行确定。

出纳人员应记录的备查账簿主要有：支票使用登记簿、应收票据登记簿、应付票据登记簿、委托收款（或托收承付）登记簿、收据使用登记簿等。

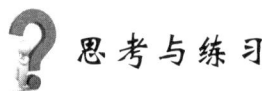 **思考与练习**

一、单项选择题

1.（   ）是在经济业务发生或完成时取得或填制的，用以记录或证明经济业务发生或完成情况的原始凭据。

A. 原始凭证   B. 记账凭证

C. 日记账   D. 出纳报告单

2. 记账凭证上记账栏中的"√"记号表示（   ）。

A. 凭证编号正确   B. 凭证会计科目正确

C. 不需登记入账   D. 已经登记入账

3. 记账后，发现记账凭证上应借应贷账户并无错误，只是所记金额小于应记金额，可采用（   ）进行更正。

A. 划线更正法   B. 红字更正法

C. 补充登记法   D. 平行登记法

4. 更正错账时，划线更正法的适用范围是（   ）。

A. 记账凭证上会计科目或记账方向错误，导致账簿记录错误

B. 记账凭证正确，在记账时发生错误，导致账簿记录错误

C. 记账凭证上应借、应贷会计科目正确，所记金额大于应记金额，导致账簿记录错误

D. 记账凭证上应借、应贷会计科目正确，所记金额小于应记金额，导致账簿记录错误

5. 在实际工作中，日记账通常采用的是（   ）账页格式。

A. 三栏式   B. 多栏式

C. 收付分页式   D. 数量金额式

二、多项选择题

1. 出纳人员在审核原始凭证时,应主要审核(　　)。

A. 原始凭证的真实性　　　　　　　B. 原始凭证的合理性

C. 原始凭证的完整性　　　　　　　D. 原始凭证的正确性

2. 记账凭证按其反映的经济内容进行分类,可分为(　　)。

A. 收款凭证　　　　　　　　　　　B. 付款凭证

C. 转账凭证　　　　　　　　　　　D. 通用记账凭证

3. 会计人员审核原始凭证时,发现其金额有错误的,下列说法不正确的是(　　)。

A. 由原出具单位重开或更正

B. 由本单位的会计人员代为更正

C. 由原出具单位在原始凭证上更正

D. 应当由原出具单位重开

4. 一般由出纳人员登记和保管的账簿是(　　)。

A. 现金日记账　　　　　　　　　　B. 银行存款日记账

C. 现金总账　　　　　　　　　　　D. 银行存款总账

5. 出纳人员应记录的备查账簿主要有(　　)。

A. 支票使用登记簿　　　　　　　　B. 应收票据登记簿

C. 应付票据登记簿　　　　　　　　D. 委托收款登记簿

三、判断题

1. 会计凭证按照填制程序和用途不同,可分为原始凭证和记账凭证两大类。

(　　)

2. 自制原始凭证是指由本单位有关部门和人员,在执行或完成某项经济业务时填制的,仅供本单位内部使用的原始凭证。(　　)

3. 原始凭证金额有错误的,应当采用划线更正法进行更正,并在更正处签章,以明确责任。(　　)

4. 已经登记入账的记账凭证,在当年内发现有错误,可以用红字填写一张与原内容相同的记账凭证,以冲销原错误的记账凭证。(　　)

5. 出纳人员在记账后,应根据现金日记账、银行存款日记账、有价证券明细账等核算资料,定期编制出纳报告单,报告本单位一定时期内库存现金、银行存款、有价证券的收支和结存情况,并据以与总账会计核对期末余额。(　　)

四、思考与解答

1. 简述出纳原始凭证的种类。

2.简述记账凭证的内容。

3.简述日记账的登记内容及登记方法。

4.出纳报告单的编制要求有哪些?

五、案例分析题

1. 2020 年 12 月 18 日,华夏有限责任公司签发转账支票一张,支付所欠正科有限责任公司货款 5 000 元。请以出纳王小红的身份填写转账支票(见图 3-4)。

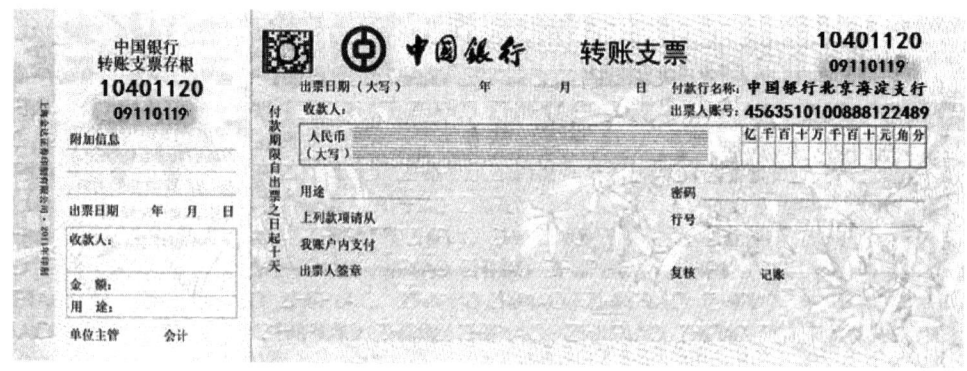

图 3-4 转账支票

2.若填写支票时,支票金额错填为 50 000 元,出纳人员王小红是否可将 50 000 元更改为 5 000 元,并在更正处加盖本单位印章。

第四章　出纳现金业务

 本章基本内容框架

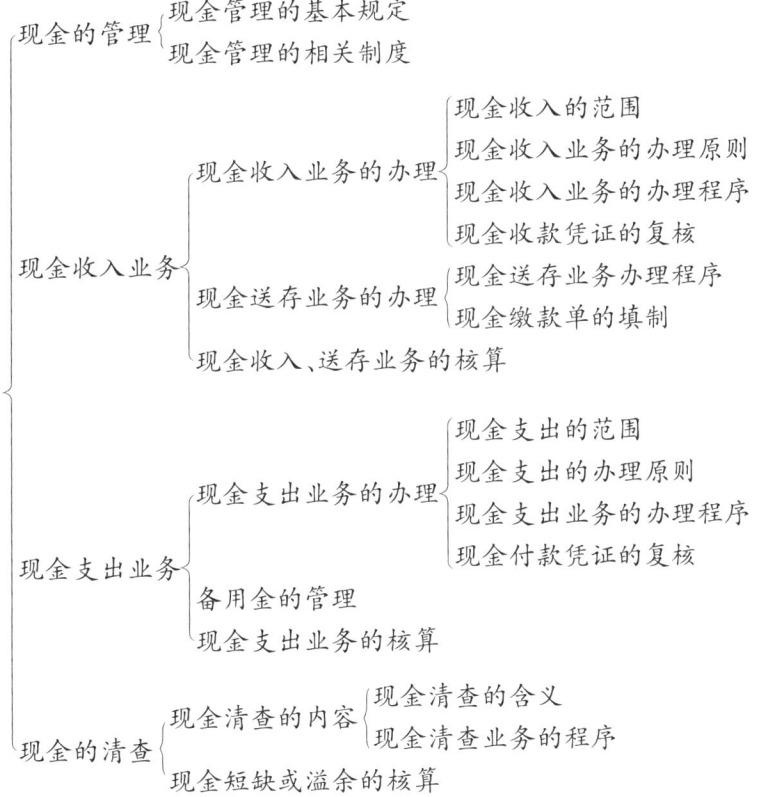

重点、难点讲解及典型例题

一、现金的概念

现金的概念有广义和狭义之分。广义的现金包括库存现金、银行存款、其他货币资金和其他视同现金的有价证券、现金等价物等。狭义的现金仅指库存现金,即出纳人员保管的作为零星业务开支之用的库存现款,包括人民币现金和外币现金。

狭义的现金也是会计范畴的现金,是流动性最强的一种货币性资产。因此,加强库存现金的管理,建立健全现金保管制度,是企业及出纳人员的重要职责。

二、现金库存限额的规定

根据国务院颁发的《现金管理暂行条例》的规定,开户银行应当根据实际需要,核定开户单位3～5天的日常零星开支所需的库存现金限额。边远地区和交通不便地区的开户单位的库存现金限额,可以多于5天,但不得超过15天的日常零星开支。

【例题1·多项选择题】 关于单位现金的库存限额,下列说法正确的有( )。

A. 单位现金库存限额由单位负责人决定

B. 现金库存限额一般是单位3～5天的日常零星开支

C. 对于边远地区和交通不便地区的开户单位,其库存现金限额可以多于5天

D. 单位需要增加或者减少库存现金限额的,应当提出申请,由开户银行核定

【答案】 BD

【解析】 单位现金库存限额由开户银行核定,一般为3～5天的日常零星开支所需金额。边远地区和交通不便地区的开户单位的库存现金限额,可以多于5天,但不得超过15天的日常零星开支。经核定的库存现金限额,开户单位必须严格遵守。需要增加或者减少库存现金限额的,应当由单位向开户银行提出申请,由开户银行核定。

三、钱账分管制度

钱账分管即管钱的不管账,管账的不管钱,以符合不相容职务相分离的要求。企业应配备出纳人员负责现金收付业务和现金保管业务,非出纳人员不得经管现金收付业务和现金保管业务。出纳人员在办理现金收付业务和现金保管的同时,登记现金日记账和编制现金日报表,由会计人员登记现金总账。同时,根据《会计法》的规定,出纳人员不得兼管稽核、会计档案保管和收入、费用、债权、债务账目的登记工作。

【例题2·单项选择题】 出纳人员不可以做( )工作。

A. 到银行提取现金

B. 会计档案保管

C. 登记现金日记账

D. 现金保管

【答案】 B

【解析】 根据《会计法》的规定,出纳人员不得兼管稽核、会计档案保管和收入、费用、债权、债务账目的登记工作。

四、现金日清月结制度

日清月结是指出纳人员办理现金收支业务时,必须做到按日清理、按月结账。

1. 按日清理

按日清理是指出纳人员应对当日的经济业务进行清理,全部记入现金日记账,结出库存现金的账面余额,并与库存现金实地盘点数核对相符。

2. 按月结账

按月结账是指在月末结出本期现金日记账的发生额和期末余额,并与库存现金的实存数、现金收付凭证及现金总账进行核对。

【例题 3·多项选择题】　现金的月结制度要求每月应将现金日记账的发生额和期末余额与(　　)进行核对。

A. 财务报表 　　　　　　　　　　B. 库存现金的实存数

C. 现金收付款凭证 　　　　　　　D. 现金总账

【答案】　BCD

【解析】　日清月结是指出纳人员办理现金收支业务时,必须做到按日清理、按月结账。按月结账是指在月末结出本期现金日记账的发生额和期末余额,并与库存现金的实存数、现金收付款凭证及现金总账进行核对。

五、从银行提取现金的业务办理程序

(1) 签发现金支票。

(2) 向开户银行提交现金支票,当场认真清点取款数额,确认无误后才能离开。

(3) 取回现金妥善保管,以备用。

【例题 4·业务题】　2020 年 3 月 14 日,华夏有限责任公司签发现金支票一张,用于提取备用金 6 000 元,其支票的填制如图 4-1 所示。(华夏有限责任公司的开户银行为:中国银行北京海淀支行;账号为:4563510100888122489)

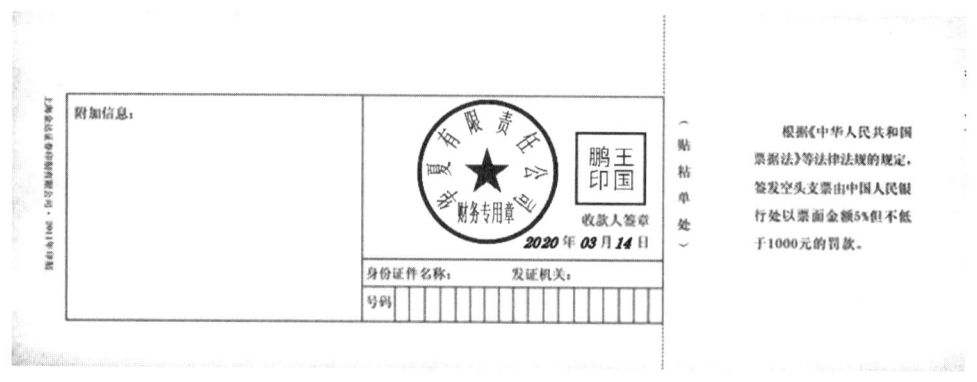

图 4-1　现金支票的填制

六、现金送存业务的办理程序

（1）整点票币。

（2）填写现金缴款单。

（3）向银行提交现金缴款单和整点好的票币。

（4）开户银行受理。

（5）根据银行退回的现金缴款单,编制记账凭证。

（6）根据记账凭证登记现金日记账。

七、现金缴款单的填制

现金缴款单又称现金解款单,是单位出纳人员去银行交存现金时填写的凭证。现金缴款单为一式三联或一式二联。现金缴款单三联单的内容包括:第一联为回单,由银行盖章后退回存款单位;第二联为收入凭证,由收款人开户银行加盖相关印章作为银行的记账凭证;第三联为附联,是银行出纳留底联。

出纳人员在填写现金缴款单时,应注意以下几点:

（1）交款日期必须填写交款的当日。

（2）收款人名称应填写全称。

（3）款项来源要如实填写。

（4）大小写金额的书写要规范。

（5）解款张数按实际送款时各种币别的张数分别填写。

【例题 5·业务题】　2020 年 3 月 25 日,华夏有限责任公司出纳将当天的销售款 3 620 元送存开户银行,其现金缴款单的填制如图 4-2 所示(华夏有限责任公司的银行账号为:4563510100888122489;解缴款项中百元券 29 张,50 元券 12 张,10 元券

12张）。

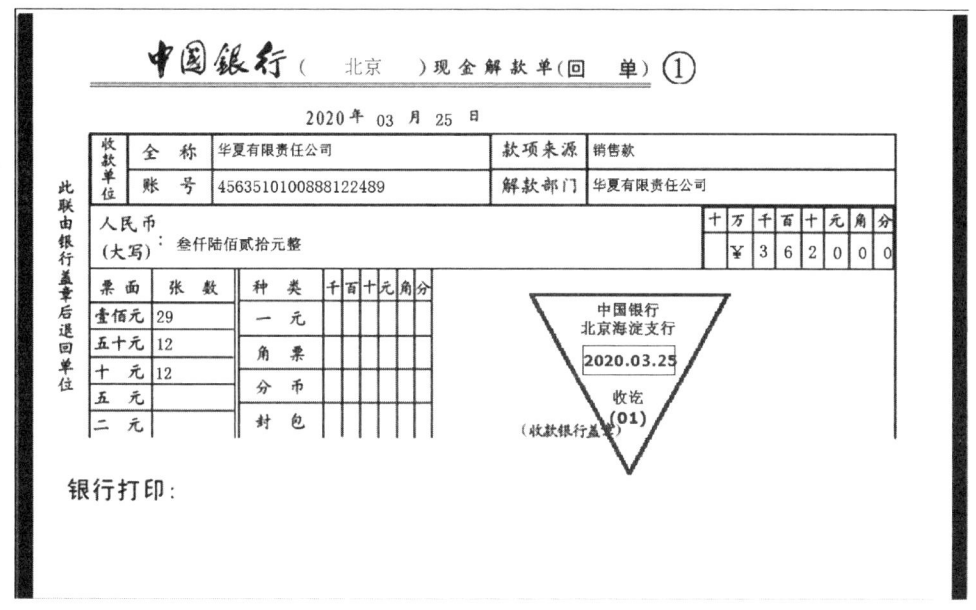

图 4-2　现金缴款单的填制

八、现金的使用范围

根据国务院颁发的《现金管理暂行条例》的规定，企业可以在下列范围内使用现金：

（1）职工工资、津贴。

（2）个人劳务报酬。

（3）根据国家规定颁发给个人的科学技术、文化艺术、体育等各种奖金。

（4）各种劳保、福利费用以及国家规定的对个人的其他支出。

（5）向个人收购农副产品和其他物资的价款。

（6）出差人员必须随身携带的差旅费。

（7）结算起点（1 000 元）以下的零星支出。

（8）中国人民银行确定需要支付现金的其他支出。

【例题 6 · 单项选择题】　根据《现金管理暂行条例》的有关规定，下列各项中不允许企业使用现金结算的是（　　）。

A. 个人劳务报酬

B. 向个人收购农副产品和其他物资的价款

C. 各种劳保、福利费用以及国家规定的对个人的其他支出

D. 支付外购其他企业的大额原材料价款

【答案】 D

【解析】 凡不属于现金结算范围的支出,企业应当通过银行进行转账结算。因此选项 D 不正确。

九、现金支出业务办理的程序

(1) 受理付款业务。

(2) 确定支付金额。

(3) 根据审核无误的单据支付现金。

(4) 在审核无误的原始凭证上加盖"现金付讫"印章,据以编制记账凭证。

(5) 根据审核的记账凭证登记现金日记账。

【例题 7·业务题】 2020 年 3 月 15 日,华夏有限责任公司办事员张超因公出差预借差旅费 6 000 元,出纳以现金支付。3 月 30 日,张超出差返回并报销差旅费 5 550 元,余款交回。上述经济业务的会计分录为:

(1) 3 月 15 日,预借差旅费时:

借:其他应收款——差旅费(张超)   6 000

  贷:库存现金   6 000

(2) 3 月 30 日,报销差旅费时:

借:管理费用   5 550

  库存现金   450

  贷:其他应收款——差旅费(张超)   6 000

十、现金清查业务的程序

一般由清查小组组织的现金清查业务流程如下:

(1) 出纳结出现金账面余额。

(2) 盘点库存现金。

(3) 编制"库存现金盘点报告表"。

财产清查发现的有待查明原因的现金短缺或盈余,首先应通过"待处理财产损溢——待处理流动资产损溢"科目核算。待查明原因后,再分别按下列情况处理:

库存现金短缺时,应由责任人和保险公司赔偿的部分,通过"其他应收款"科目核算(如为已收到赔偿的款项,直接通过"银行存款"等科目核算);无法查明原因的库存现金短缺,根据企业内部管理权限,经审批后记入"管理费用"科目。

库存现金溢余时,应支付给有关人员和单位的,应从"待处理财产损溢——待处理流动资产损溢"科目转入"其他应付款"科目;无法查明原因的库存现金溢余,根据企业内部管理权限,经批准后转入"营业外收入"科目。

【例题 8·业务题】 2020 年 1 月,华夏有限责任公司进行月末现金清查时发现企业库存现金短缺 300 元。经反复核查后,由出纳王小红责任赔偿 100 元,其余 200 元经批准转入管理费用。

（1）审批前：

借：待处理财产损溢——待处理流动资产损溢   300

  贷：库存现金   300

（2）审批后：

借：其他应收款——应收现金短缺款（王小红）   100

  管理费用——其他   200

  贷：待处理财产损溢——待处理流动资产损溢   300

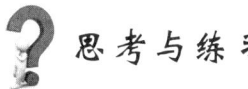 **思考与练习**

一、单项选择题

1. 下列各项中,属于不可以使用现金的事项是(　　)。

A. 职工工资、报酬

B. 付给施工单位的大额劳务报酬

C. 个人劳务报酬

D. 出差人员随身携带的差旅费

2. 企业日常零星支出在(　　)元之下的可以使用现金。

A. 10 000   B. 2 000   C. 1 000   D. 100

3. 无法查明原因的库存现金盘亏数,转销后应记入(　　)会计科目。

A. 管理费用   B. 营业外支出

C. 其他应收款   D. 财务费用

4. 出纳人员可以(　　)。

A. 登记总分类账   B. 登记现金日记账

C. 登记应收、应付明细账   D. 兼任会计档案保管工作

5. 开户银行根据开户单位(　　)天的日常零星开支所需要的现金,核定开户单位的库存现金限额。

A. 1～3   B. 3～5   C. 5～7   D. 7～9

二、多项选择题

1. 以下项目中属于现金使用范围的有( )。

A. 支付本单位职工津贴 500 元

B. 支付个人劳务报酬 380 元

C. 支付给个人采购农副产品款项 2 500 元

D. 支付职工困难补助费 800 元

2. 出纳人员不可以兼做( )工作。

A. 固定资产管理　　　　　　　　B. 会计档案保管

C. 稽核　　　　　　　　　　　　D. 债权债务的登记

3. "待处理财产损溢"账户的借方登记( )。

A. 库存现金短缺数　　　　　　　B. 库存现金盈余数

C. 短缺数的转销　　　　　　　　D. 盈余数的转销

4. 现金保管制度包括( )。

A. 超过库存限额的现金应及时送存银行

B. 库存现金应存放在出纳专用的保险柜内

C. 单位的库存现金不得以个人名义存入银行

D. 库存现金应分类保管,存放有序

5. 下列有关库存现金使用限额说法不正确的是( )。

A. 单位现金库存限额由人民银行核定

B. 边远地区的现金库存限额可按超过 5 天但不得超过 30 天的日常零星开支

C. 现金库存限额一般按照单位 3～5 天日常零星开支确定

D. 需要增加或者减少库存现金限额的,由人民银行核定

三、判断题

1. 出纳人员可以兼做会计档案保管的工作。( )

2. 出纳人员去银行提取现金时应填写现金缴款单。( )

3. 为方便起见,出纳人员可以将收取的现金直接对外支付。( )

4. 当企业业务较少时,出纳人员可以将连续几天的业务一次性登记入账。( )

5. 单位需要增加或者减少库存现金限额的,应当向开户银行提出申请,由开户银行核定。( )

四、技能训练

1. 2020 年 1 月 19 日,华夏有限责任公司拟签发现金支票一张,用于提取备用金5 000 元(华夏有限责任公司的开户银行为:中国银行北京海淀支行;账号为:

4563510100888122489)。

要求:请帮助该公司填写图 4-3 中的空白现金支票。

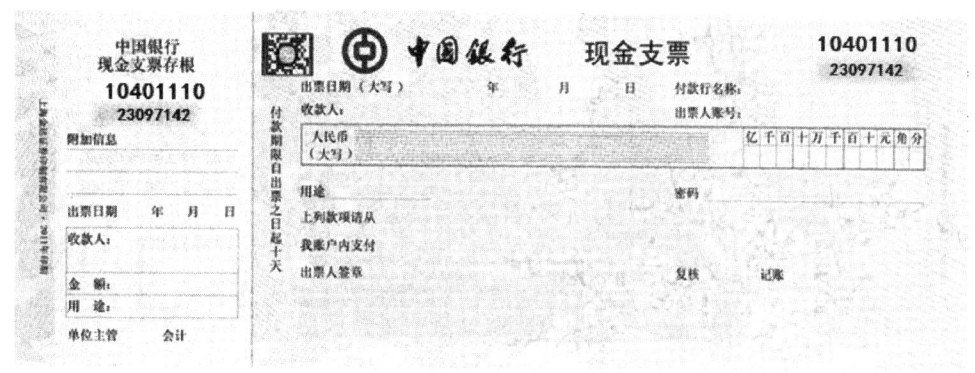

图 4-3 现金支票

2. 2020 年 3 月 15 日,华夏有限责任公司出纳将当天的销售款 2 800 元送存开户银行(华夏有限责任公司的银行账号为:4563510100888122489;解缴款项中百元券21 张,50 元券 11 张,10 元券 15 张)。

要求:请帮助该公司填写图 4-4 中的现金缴款单。

图 4-4 现金缴款单

第五章 出纳银行业务

 本章基本内容框架

银行结算账户管理
- 含义及分类
- 基本原则、基本要求
- 银行结算账户的开立、变更、撤销

银行结算业务
- 支票结算业务
- 银行汇票结算业务
- 银行本票结算业务
- 商业汇票结算业务
- 委托收款结算业务
- 托收承付结算业务
- 汇兑结算业务
- 信用卡结算业务

 重点、难点讲解及典型例题

一、银行结算账户的含义

银行结算账户是指银行为存款人开立的办理资金收付结算的人民币活期存款账户。银行结算账户体现了存款人与银行之间的一种法律关系;银行结算账户的性质是活期存款账户;银行结算账户的目的是办理资金收付结算。

二、银行结算账户的分类

单位银行结算账户按用途分为基本存款账户、一般存款账户、专用存款账户、临时存款账户。四种账户开立与使用的对比如表5-1所示。

表 5-1　四种账户开立与使用对比表

账户种类	定义	作用及使用范围	相关规定
1. 基本存款账户	存款人因办理日常转账结算和现金收付需要开立的银行结算账户	存款人日常经营活动的资金收付	一个企业只能在一家银行开立一个基本存款账户,即一个企业只有一个基本存款账户
2. 一般存款账户	是存款人因借款或其他结算需要,在基本存款账户开户银行以外的银行营业机构开立的银行结算账户	办理转账结算和现金缴存,但不能支取现金	不得在同一家银行的几个分支机构开立一般存款账户,如:在工商银行香港路支行开了一般账户,就不能在工商银行东海路支行再开一个一般账户
3. 临时存款账户	存款人因临时需要并在规定期限内使用而开立的银行结算账户	办理转账结算和根据国家现金管理的规定办理现金收付。使用范围:设立临时机构、异地临时经营活动、注册验资等	可以办理现金的缴存与支取,但用于注册验资的在验资期间不得现金支取。临时存款账户的有效期最长不得超过 2 年
4. 专用存款账户	存款人按照法律、行政法规和规章,对其特定用途资金进行专项管理和使用而开立的银行结算账户	单位可申请专用存款账户的有:基本建设资金、更新改造资金、财政预算外资金、证券交易结算资金、期货交易保证金、单位银行卡备用金等	专用存款账户用于办理各项专用资金的收付

【例题 1·单项选择题】　一般存款账户可以办理的结算业务不包括(　　)。

A. 借款转存
B. 借款归还
C. 现金缴存
D. 现金支取

【答案】　D

【解析】　一般存款账户可以办理转账结算和现金缴存,但不能支取现金。

【例题 2·多项选择题】　单位可以设立的银行存款账户包括(　　)。

A. 基本存款账户
B. 一般存款账户
C. 临时存款账户
D. 专用存款账户
E. 特别存款账户

【答案】　ABCD

【解析】　单位银行结算账户按用途分为基本存款账户、一般存款账户、专用存款账户、临时存款账户。

三、银行结算账户管理的基本原则

银行结算账户管理的基本原则如图 5-1 所示。

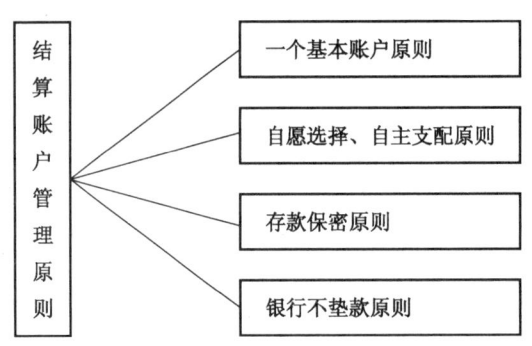

图 5-1　银行结算账户管理的基本原则

四、银行结算账户管理的基本要求

（1）认真贯彻执行国家的政策、法律和法规,遵守银行信贷、结算、现金及账户管理等有关方面的规定。

（2）开户单位不得违反规定多头开户,不得出租、出借或转让账户。

（3）各种收付款凭证,必须填明款项来源或用途,不得巧立名目、弄虚作假、套取现金,严禁利用账户以合法名义从事非法活动。

（4）各单位在银行开设的账户都必须有足够的资金以保证支付,及时定期地与银行提供的对账单相核对。若发现不符,及时与银行联系,并尽快查对清楚。

【例题 3·单项选择题】 存款人使用银行结算账户,不得有下列中的（　　）行为。

A. 违反规定将单位款项转入个人银行结算账户

B. 违反规定支取现金

C. 利用开立银行结算账户逃避银行债务

D. 出租、出借银行结算账户。

【答案】 ABCD

五、银行结算账户的开立、变更、撤销

1. 银行结算账户的开立

在银行结算账户的开立上,中国人民银行一般采用两种模式:

（1）核准制,是指经中国人民银行核准后方可开立的银行结算账户。该类账户的开立通过人民银行行政许可后才正式生效。

（2）备案制,是指开户银行审查开户资料后,符合条件的可以直接予以开立,开立后 5 个工作日内向人民银行备案。

银行结算账户的开立流程如图 5-2 所示。

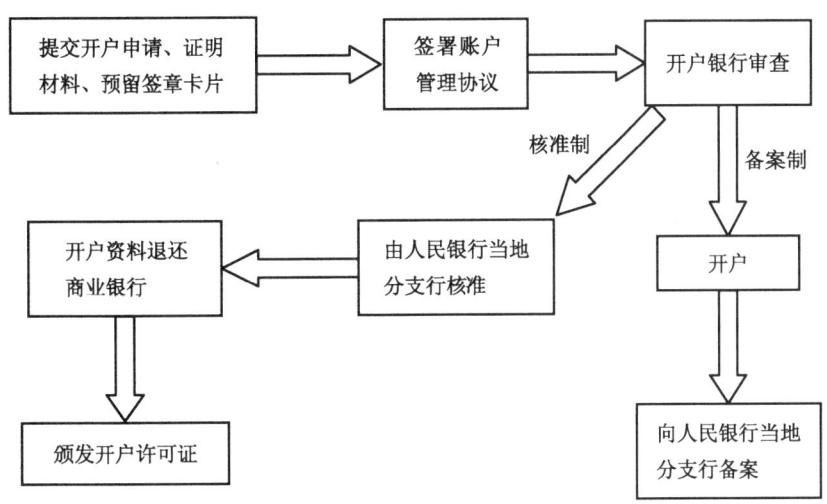

图 5-2 银行结算账户的开立流程

【例题 4·单项选择题】 银行在银行结算账户的开立中,以下不符合规定的是( )。

A. 拒绝为存款人多头开立银行结算账户

B. 明知或应知是单位资金,而允许以自然人名称开立账户存储

C. 银行应对已开立的单位银行结算账户实行年检制度

D. 银行对 1 年未发生收付活动且未欠开户银行债务的单位银行结算账户可以通知单位办理销户手续

【答案】 B

【解析】 禁止违规将单位款项转入个人银行结算账户。

2. 银行结算账户的变更

单位银行结算账户的变更是指存款人名称、单位法定代表人或主要负责人、住址以及其他开户资料发生的变更。

银行结算账户的存款人名称发生变更,但不改变开户银行及账号的,应于 5 个工作日内向开户银行提出银行结算账户的变更申请,并出具有关部门的证明文件;单位法定代表人或主要负责人、住址以及其他资料发生变更,应于 5 个工作日内书面通知开户银行并提供有关证明。

银行接到存款人的变更通知后,应及时办理变更手续,并于 2 个工作日内向中国人民银行报告。

3. 银行结算账户的撤销

有下列情形之一的,存款人应向开户银行提出撤销银行结算账户的申请:

(1) 被撤并、解散、宣告破产或关闭的。

（2）注销、被吊销营业执照的。

（3）因迁址需要变更开户银行的。

（4）其他原因需要撤销银行结算账户的。

单位尚未清偿完其开户银行债务的，不得申请撤销该账户。开户银行对已开户但1年内未发生任何业务的账户，应通知存款人自发出通知30日内办理销户手续，逾期未办理的视同自愿销户。

【例题5·单项选择题】 存款人更改名称，但不改变开户银行及账号的，应于（ ）个工作日内向开户银行提出银行结算账户的变更申请，并出具有关部门的证明文件。

A. 3   B. 5   C. 7   D. 10

【答案】 B

六、银行结算业务

1. 支票结算业务

支票结算业务如表5-2所示。

表5-2　支票结算业务

（1）种类	现金支票	支取现金，不得背书转让
	转账支票	转账，可以背书转让
	普通支票	支取现金与转账
	划线支票	只能用于转账不能用于支取现金
（2）出票	绝对记载事项：表明"支票"的字样，无条件支付的委托，确定的金额，付款人名称，出票日期，出票人签章。欠缺记载任何一项的，支票都为无效。 【注意】共六项，无"收款人名称"	
（3）付款	支票的金额、收款人名称，可以由出票人授权补记，未补记前不得背书转让和提示付款	
	支票的提示付款期为自出票日起10日。 另行记载付款日期的，该记载无效	
（4）办理要求	支票出票人的预留银行签章是银行审核支票付款的依据	
	支票的出票人签发支票的金额不得超过付款时在付款人处实有的存款金额。禁止签发空头支票。 【注意】是"付款时"不是"出票时""签发时""开具时"	
	签发空头支票、签发与预留银行签章不符的支票，使用支付密码地区、支付密码错误的支票，银行应予退票；签发空头支票或者签发与其预留的签章不符的支票，不以骗取财物为目的的，由中国人民银行处以票面金额5%但不低于1 000元的罚款；持票人有权要求出票人赔偿支票金额2%的赔偿金；对屡次签发的，银行应停止其签发支票	

【例题6·单项选择题】 关于划线支票说法正确的是(   )。

A. 可以提取现金,也可以转账   B. 只可以提取现金

C. 只可以转账   D. 不存在划线支票

【答案】 C

2. 商业汇票结算业务

商业汇票结算业务如表5-3所示。

表5-3 商业汇票结算业务

(1) 种类	商业承兑汇票	由收款人或付款人签发,经付款人承兑
	银行承兑汇票	由承兑申请人签发,由承兑申请人向开户银行申请,经银行审查同意承兑
(2) 绝对记载事项		表明"商业承兑汇票"或"银行承兑汇票"的字样;无条件支付的委托;确定的金额;付款人名称;收款人名称;出票日期;出票人签章。欠缺记载上述事项之一的,商业汇票无效(共七项,比支票多"收款人名称")
(3) 承兑		定日付款、出票后定期付款——汇票到期日前。 见票后定期付款——自出票日起1个月内。 汇票未按照规定期限提示承兑的,丧失对其前手的追索权
		付款人承兑商业汇票,应当在汇票正面记载"承兑"字样和承兑日期并签章,且不得附有条件,承兑附有条件的,视为拒绝承兑。 【注意】承兑附有条件的,视为拒绝承兑,而非所附条件不具备票据上的效力
(4) 付款		提示付款期限自汇票到期日起10日
		付款期限最长不得超过6个月
(5) 背书		背书应当连续
		汇票背书附有条件的,所附条件不具有汇票上的效力。 【注意】跟承兑附有条件区分,承兑附有条件的视为拒绝承兑
		将汇票金额的一部分或者将汇票金额分别转让给两人以上的背书无效

【例题7·单项选择题】 银行承兑汇票应由(   )签发。

A. 银行   B. 出票人

C. 保证人   D. 存款人

【答案】 D

【解析】 银行承兑汇票应由在承兑银行开立存款账户的存款人签发。

3. 汇兑结算业务

汇兑结算业务如表5-4所示。

表5-4 汇兑结算业务

(1) 种类	汇兑分为信汇和电汇
(2) 适用范围	单位和个人各种款项的结算,均可使用汇兑结算方式
(3) 程序	汇款回单只能作为汇出银行受理汇款的依据,不能作为该笔汇款已转入收款人账户的证明。 收账通知是银行将款项确已收入收款人账户的凭据
(4) 相关规定	汇款人对汇出银行尚未汇出的款项可以申请撤销
	汇款人申请退汇必须是该汇款已从汇出银行汇出
	【注意】转汇银行既不能受理撤汇也不能受理退汇
	汇入银行对于收款人拒绝接受的汇款,应及时办理退汇。汇入银行对于向收款人发出取款通知,经过2个月无法交付的汇款,应主动办理退汇

【例题8·单项选择题】 根据支付结算法律制度的规定,下列有关汇兑的表述中,不正确的是(   )。

A. 汇兑分为信汇和电汇两种

B. 汇兑每笔金额起点为1万元

C. 汇兑适用于单位和个人各种款项的结算

D. 汇兑是汇款人委托银行将其款项支付给收款人的结算方式

【答案】 B

【解析】 汇兑没有金额起点的限制。

4. 信用卡结算业务

信用卡结算业务如表5-5所示。

表5-5 信用卡结算业务

(1) 种类	按使用对象分为单位卡和个人卡
	信誉等级分为白金卡、金卡和普通卡
	按币种不同分为人民币卡、双币种卡
	按信息载体不同分为磁条卡、芯片卡
	按是否向发卡银行交存备用金分为贷记卡、准贷记卡
(2) 相关规定	凡在中国境内金融机构开立基本存款账户的单位可申领单位卡。单位卡可申领若干张
	具有完全民事行为能力的公民可以申请个人卡。申领的附属卡最多不得超过2张
	单位卡账户的资金一律从其基本存款账户转账存入,不得交存现金,不得将销货收入的款项存入单位卡。销户时,单位卡账户余额转入其基本存款账户,不得提取现金
	单位卡不得用于10万元以上的商品交易、劳务供应款项的结算
	准贷记卡透支期限最长为60天。 贷记卡免息还款期最长为60天

5. 银行结算主要方式汇总表

银行结算主要方式汇总如表 5-6 所示。

表 5-6　银行结算主要方式汇总表

结算方式	分类	使用规定	结算期限
支票	现金支票 转账支票 普通支票	禁止签发空头支票;若银行退票,按票面金额处以 5% 但不低于 1 000 元罚款,持票人有权要求出票人按票面金额的 2% 赔偿	提示付款期为自出票日起 10 日内
银行本票	不定额本票 定额本票	可用于转账,也可用于支取现金;申请人或收款人为单位的,不得申请签发现金银行本票	提示付款期自出票日起最长不得超过 2 个月
银行汇票	—	可用于转账,也可用于支取现金;申请人或收款人为单位的,不得使用现金银行汇票	提示付款期自出票日起 1 个月
商业汇票	商业承兑汇票 银行承兑汇票	只有根据购销合同进行合法的商品交易,才能签发商业汇票; 商业汇票一律记名并允许背书转让; 商业汇票既可以由付款人签发,也可以由收款人签发,但都必须经过承兑	付款期限最长不得超过 6 个月; 提示付款期自汇票到期日起 10 天
委托收款	邮寄 电报	单位和个人凭已承兑商业汇票、债券、存单等付款人债务证明办理结算;不得部分拒付	—
托收承付	邮寄 电报	收款人办理托收,必须具有商品确已发运的证件及其他有效证件; 付款人开户银行对付款人逾期支付的款项,按每天万分之五计算赔偿金	验单付款 3 天;验货付款10 天
汇兑	信汇 电汇	汇款人可"申请撤销"; 可以办理"退汇"	—
信用卡	单位卡 个人卡	单位信用卡账户的资金一律从基本存款账户存入。不得交存现金和销货收入的款项	信用卡透支期限最长为60 天

【例题 9 · 多项选择题】　下列结算方式中只能用于异地结算不能用于同城的有（　　）。

A. 汇兑 　　　　　　　　　　B. 托收承付

C. 支票 　　　　　　　　　　D. 商业汇票

【答案】　AB

【解析】　支票和商业汇票均适用于同城或异地使用。

？思考与练习

一、单项选择题

1. 下列关于托收承付的说法中,正确的是( )。

A. 托收承付结算每笔的金额起点为 1 千元

B. 新华书店系统每笔的金额起点为 1 万元

C. 验单承付为 3 天,应从购货单位开户银行发出通知的当日算起

D. 验货付款为 10 天,应从运输部门向付款人发出提货通知的次日算起,付款人在承付期内,未向银行表示拒绝付款,银行即视作承付,在承付期满的次日上午将款项划给收款人

2. 单位银行卡账户的资金必须由其( )转账存入。

A. 基本存款账户

B. 一般存款账户

C. 专用存款账户

D. 临时存款账户

3. 银行审核支票付款的依据是( )。

A. 出票人预留银行签章

B. 出票人单位公章

C. 出票人法定代表人的签章

D. 出票人单位公章加法定代表人的签章

4. 下列关于票据和结算凭证的填写的表述中,正确的是( )。

A. 中文大写金额数字必须用正楷书写

B. 中文大写金额数字到"角"为止的,在角之后必须写"整"字

C. 中文大写金额数字到"分"为止的,在分之后不需写"整"字

D. 票据的大写出票日期未按要求规范填写的,银行不予受理

5. 开户单位可以在一定范围内使用现金,按照有关规定,对于零星支出的结算起点是( )元以下。

A. 1 000　　　　B. 1 500　　　　C. 2 000　　　　D. 500

二、多项选择题

1. 关于银行汇票的叙述中,正确的有( )。

A. 银行汇票一式四联,第一联为卡片,为承兑行支付票款时作付出传票

B. 第二联为银行汇票,与第三联解讫通知一并由汇款人自带,在兑付行兑付汇票

后此联做银行往来账付出传票

C. 第三联解讫通知,在兑付行兑付后随报单寄签发行,由签发行作余款收入传票

D. 第四联是多余款通知,并在签发行结清后交汇款人

2. 商业汇票按照承兑人的不同分为(　　)。

A. 商业本票

B. 银行汇票

C. 银行承兑汇票

D. 商业承兑汇票

3. 根据《票据法》规定,支票按支付票款的方式不同,分为(　　)。

A. 现金支票

B. 转账支票

C. 通用支票

D. 普通支票

4. 下列属于基本存款账户使用范围的有(　　)。

A. 资金收付

B. 现金支取

C. 工资、奖金的发放

D. 存入现金

5. 汇兑分为(　　)。

A. 信汇　　　　　　B. 电汇　　　　　　C. 票汇　　　　　　D. 转汇

三、判断题

1. 商业汇票是指出票人签发的,委托付款人在见票时或在指定日期无条件支付确定金额给收款人或者持票人的票据。　　　　　　　　　　　　　　(　　)

2. 临时存款账户有效期最长不得超过5年。　　　　　　　　　　　(　　)

3. 银行不承担垫付任何款项的责任,以划清银行与开户单位的资金界限,保护银行资金的所有权和经营权,促使开户单位直接对自己的债权债务负责。　　(　　)

4. 付款人承兑商业汇票,不得附有条件,承兑附有条件的,视为拒绝承兑。　(　　)

5. 委托收款是收款人委托银行向付款人收取款项的结算方式,不受金额起点限制。
　　　　　　　　　　　　　　　　　　　　　　　　　　　　　(　　)

四、技能训练

2020年10月12日,华夏有限责任公司签发现金支票一张,提取备用金2 000元,请按要求填写现金支票(见图5-3)。

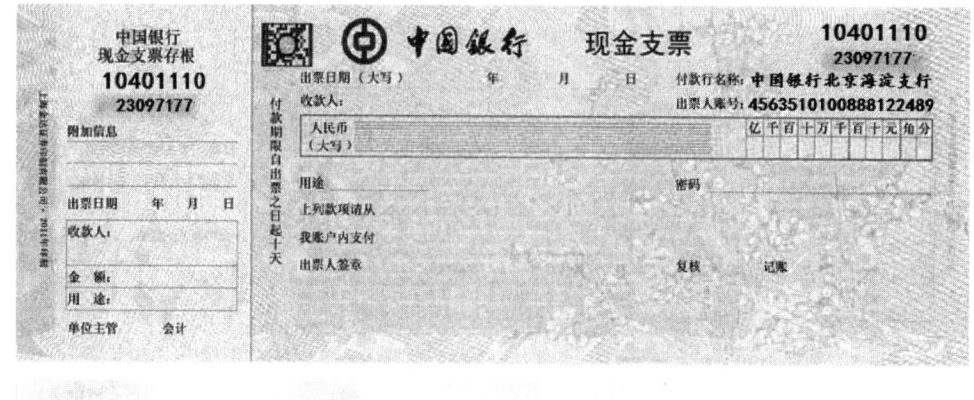

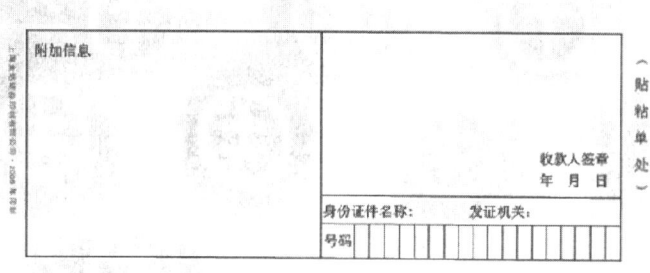

图 5-3　现金支票

五、案例分析题

钱明是华夏公司刚录用的会计学专业应届本科毕业生,主要负责出纳工作。近日,公司收到安尔公司支付上月货款的一张银行汇票,金额 100 000 元。出纳钱明到银行办理收款手续。银行方面因为钱明的手续不完整而未予办理。钱明回来向财务经理李明丽请教。

李明丽说:"小钱啊,我问你个小问题,缴款单和进账单有什么不同啊?"

钱明说:"好像都是使单位银行存款增加的,具体有什么差别不是很清楚。"

请问:

(1) 缴款单和进账单的区别有哪些?

(2) 收到银行汇票应该填写进账单还是缴款单?

第六章 出纳税收知识

 本章基本内容框架

税收基础知识 { 税收的本质特征
税收制度基本要素
现行税务机构设置 }

税务登记 { 税务登记的基本知识
税务登记的内容 }

发票管理 { 发票的类型和适用范围
发票的领购、开具和使用 }

纳税申报 { 纳税申报的方式
纳税申报的期限
税款缴纳方式 }

 重点、难点讲解及典型例题

一、税收的本质特征

税收是国家为了满足一般的社会共同需要,凭借政治权力,按照国家法律规定的标准,强制地、无偿地取得财政收入的一种分配形式,其具有其他财政收入形式不可替代的作用。

税收的三个本质特征是缺一不可的,是税收区别于其他财政收入的标志。其中,无偿性是税收的核心特征,强制性和固定性则是对无偿性的保证和约束。

【例题1·判断题】 强制性是税收的核心特征。 ( )

【答案】 ×

【解析】 无偿性是税收的核心特征,强制性和固定性则是对无偿性的保证和约束。

二、税收制度基本要素

税收制度基本要素如图 6-1 所示。

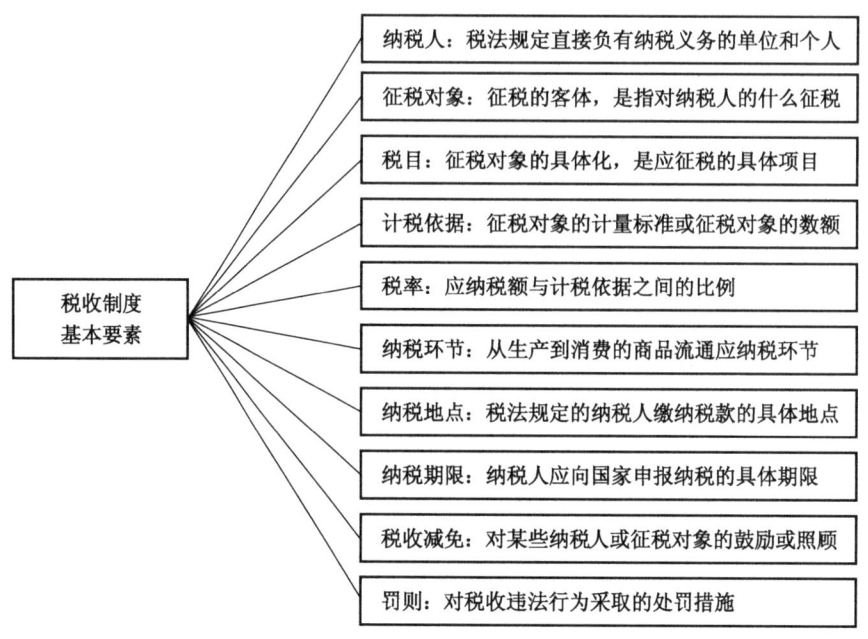

税收制度基本要素 →	纳税人：税法规定直接负有纳税义务的单位和个人
	征税对象：征税的客体，是指对纳税人的什么征税
	税目：征税对象的具体化，是应征税的具体项目
	计税依据：征税对象的计量标准或征税对象的数额
	税率：应纳税额与计税依据之间的比例
	纳税环节：从生产到消费的商品流通应纳税环节
	纳税地点：税法规定的纳税人缴纳税款的具体地点
	纳税期限：纳税人应向国家申报纳税的具体期限
	税收减免：对某些纳税人或征税对象的鼓励或照顾
	罚则：对税收违法行为采取的处罚措施

图 6-1　税收制度基本要素

【例题 2·多项选择题】　我国现行税收制度中，所应用的税率种类有（　　）。

A. 比例税率

B. 定额税率

C. 全额累进税率

D. 超额累进税率

【答案】　ABD

【解析】　我国目前主要有以下几种税率：比例税率、定额税率、累进税率，其中多数税采用比例税率；少数税的部分税目采用定额税率、或比例税率与定额税率复合计税；少数税的部分税目采用超额累进税率；采用超率累进税率的只有土地增值税。

三、现行税务机构设置

现阶段，我国税收征收管理机关有税务机关和海关。税务机关由国家税务总局和各级税务机关构成。

国家税务总局是我国主管国家税务工作的最高职能机构。根据我国行政机构设置,一级政府设置一级税务机构,税务机关设置为四级:省、自治区、直辖市税务局(以下简称省税务局);地区、地级市、自治州、盟税务局;县、县级市、旗税务局;征收分局或税务所。国家税务总局对各级税务局(分局)实行机构、编制、干部、经费的垂直管理。

四、税务登记的内容

我国现行税务登记包括设立(开业)税务登记、变更税务登记、注销税务登记、外出经营报验登记及停业、复业登记等。

1. 设立税务登记

自 2015 年 10 月 1 日起,新设企业和农村专业合作社领取由工商行政管理部门核发的加载法人和其他组织统一社会信用代码的营业执照后,无需再次进行税务登记,不再领取税务登记证。

2. 变更税务登记

纳税人原税务登记内容发生变化的,应办理变更税务登记。纳税人提交的有关变更登记的证件、资料齐全的,应如实填写税务登记变更表,符合规定的,税务机关应当日办理;不符合规定的,税务机关应通知其补正。

3. 注销税务登记

注销税务登记是指纳税人由于出现法定情形终止纳税义务时,向原税务机关申请办理的取消税务登记的手续。

现行税务登记除包括以上三项主要内容外,还包括停业、复业登记以及外出经营报验登记等。

【例题 3·多项选择题】　我国现行税务登记包括(　　　　)。

A. 设立税务登记　　　　　　　　　　B. 变更税务登记

C. 注销税务登记　　　　　　　　　　D. 外出经营报验登记

【答案】　ABCD

【解析】　我国现行税务登记包括设立(开业)税务登记、变更税务登记、注销税务登记、外出经营报验登记及停业、复业登记等。

五、发票的类型

发票是指在购销商品、提供或者接受服务以及从事其他经营活动中,开具、收取的收付款凭证。按领购使用范围不同,发票主要分为增值税普通发票和增值税专用发票。

1. 增值税普通发票

增值税普通发票,包括增值税普通发票(折叠票)、增值税电子普通发票和增值税普通发票(卷票)。

2.增值税专用发票

增值税专用发票,包括增值税专用发票(见图6-2)和机动车销售统一发票。

除增值税普通发票和增值税专用发票之外,还有特定范围使用的其他发票,包括农产品收购发票、门票、定额发票、客运发票等。

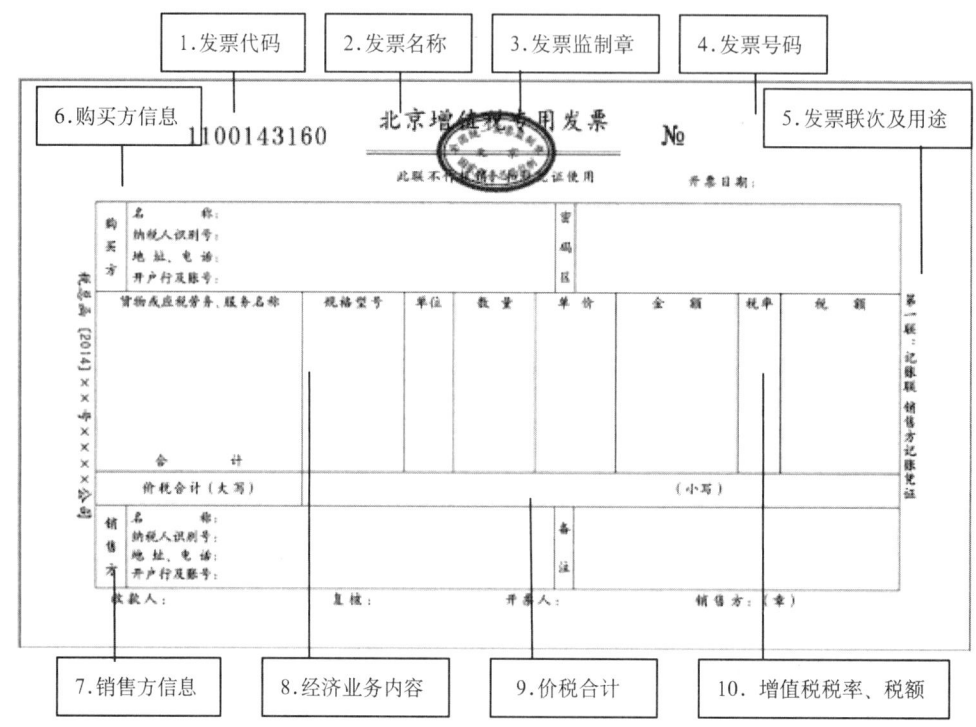

图6-2　增值税专用发票(记账联)票样

六、发票的开具和使用

开具发票是指取得收入或支付款项的单位或个人,将经济业务活动的主要内容,按照规定和需要在发票上予以载明的活动。开具发票的单位和个人应当建立发票使用登记制度,设置发票登记簿,并定期向主管税务机关报告发票使用情况。

填开发票的单位和个人必须在发生经营业务确认营业收入时开具发票。未发生经营业务一律不准开具发票。

七、纳税申报的基本知识

1.纳税申报的方式

纳税申报的方式是纳税人依法向税务机关办理纳税申报时采用的具体方式,由主管税务机关根据纳税人的具体情况确定。其主要包括:直接申报方式、电子申报方式、邮寄申报方式、简易申报方式等。

2.纳税申报的期限

具体来说,纳税期限包括税款结算期与税款申报缴纳期。

税款结算期也称税款计算期,是纳税人结算税款并向主管税务机关办理纳税申报手续的期限间隔。如按月结算的纳税人,其税款结算期一般为每个月的第一天到最后一天。

税款申报缴纳期指纳税人在结算期满后,进行税款申报并将税款缴纳入国库的期限。如以一个月为结算期的纳税人,其税款申报缴纳期一般为期满后的15日。

【例题 4 · 多项选择题】 纳税申报的方式是纳税人依法向税务机关办理纳税申报时采用的具体方式,主要包括( )。

A. 直接申报方式　　　　　　　　B. 电子申报方式

C. 邮寄申报方式　　　　　　　　D. 简易申报方式

【答案】 ABCD

八、税款缴纳方式

缴纳税款是纳税人依法将应纳税款缴入国库的过程,也是税务机关依法将税款征收入库的过程。一般而言,纳税人应根据其财务数据,按期缴纳税款。但由于纳税人的生产经营状况、财务管理水平等各不相同,税务机关有权根据税收制度来确定不同纳税人的税款缴纳方式。主要包括:自核自缴、申报核实缴纳、申报查验缴纳、定额申报缴纳等方式。

【例题 5 · 多项选择题】 自核自缴缴纳税款方式适用于( )的企业。

A. 生产规模较大　　　　　　　　B. 财务会计制度健全

C. 会计核算准确　　　　　　　　D. 能够依法核算与计缴税款

【答案】 ABCD

【解析】 自核自缴是指企业依照税收法律、法规规定,自行计算应纳税额,自行填写纳税申报表,自行填写税收缴款书并到银行解缴税款的方法。这种方式适用于生产规模较大,财务会计制度健全,会计核算准确,能够依法核算与计缴税款的企业。

 思考与练习

一、单项选择题

1.下列各项中,不属于税收的本质特征的是( )。

A. 强制性　　　B. 无偿性　　　C. 固定性　　　D. 机动性

2. 停业、复业登记适用于(　　　)。

A. 所有纳税人　　　　　　　　　B. 小规模企业

C. 扣缴义务人　　　　　　　　　D. 实行定期定额征收方式的纳税人

3. 按征税对象分类,增值税属于(　　　)。

A. 流转税　　　　　B. 所得税　　　　　C. 财产税　　　　　D. 行为税

4. (　　　)统一负责全国的发票管理工作。

A. 财政部　　　　　　　　　　　B. 国家税务总局

C. 全国人民代表大会　　　　　　D. 国务院

5. (　　　)是指经税务机关批准的纳税人通过电子数据交换和网络传输等电子方式办理纳税申报的方式。

A. 直接申报方式　　　　　　　　B. 电子申报方式

C. 邮寄申报方式　　　　　　　　D. 简易申报方式

二、多项选择题

1. 下列各项中属于税收减免的有(　　　)。

A. 起征点　　　　B. 免征额　　　　C. 加成征收　　　　D. 税率式减免

2. 按照税收管理权限分类,税收可分为(　　　)。

A. 中央税　　　　　　　　　　　B. 地方税

C. 中央与地方共享税　　　　　　D. 中央与地方分享税

3. 增值税普通发票包括(　　　)。

A. 增值税普通发票(折叠票)　　　B. 增值税电子普通发票

C. 增值税普通发票(卷票)　　　　D. 机动车销售统一发票

4. 下列各项中,符合开具增值税专用发票的规范要求的有(　　　)。

A. 项目齐全,与实际交易相符

B. 字迹清楚,不得压线、错格

C. 发票联和抵扣联加盖发票专用章

D. 按照增值税纳税义务的发生时间开具

5. 简易申报方式是指(　　　)。

A. 以缴纳税款凭证代替申报　　　B. 简并征期

C. 免予申报　　　　　　　　　　D. 网上报税

三、判断题

1. 起征点是在计税依据总额中免于征税的数额。它是按一定标准从计税依据总额中预先减除的数额。　　　　　　　　　　　　　　　　　　　　　　　(　　　)

2. 增值税专用发票只限于增值税一般纳税人领购使用,增值税小规模纳税人和非增值税纳税人不得领购使用。　　　　　　　　　　　　　　　　　　　（　　）

3. 最高开票限额是指单份专用发票开具的销售额合计数不得达到的上限额度。

（　　）

4. 对于会计核算制度不健全,经营流动性较大,较易发生短期经营行为,纳税意识不强的用票单位和个人,可采用的发票领购方式为批量供应。　　　　（　　）

5. 实行定期定额缴纳税款的纳税人,经税务机关批准,可以实行简易申报方式。

（　　）

四、思考与解答

1. 简述现行税务机构设置。

2. 简述普通发票的基本内容。

3. 简述领购增值税专用发票的程序。

五、案例分析题

A 企业为增值税小规模纳税人,按规定不得领购使用增值税专用发票。但 B 公司(增值税一般纳税人)作为购货方在购买 A 企业产品时提出,需要 A 企业提供增值税专用发票,否则 B 公司会因无法进行进项税额抵扣而不购买其产品。A 企业的财务人员十分为难,在该种情况下,应如何处理呢?

第七章　出纳资料的整理、保管与工作交接

本章基本内容框架

出纳资料的整理、保管、出纳工作的交接
{
- 出纳资料的整理、保管
  - 出纳资料的整理
    - 出纳资料的范围
    - 出纳资料的整理步骤
  - 出纳资料的保管
    - 出纳资料的保管权限
    - 出纳资料的保存要求
    - 出纳资料的保管方法
- 出纳工作的交接
  - 出纳工作交接情形
  - 出纳工作交接内容
  - 出纳工作交接过程
    - 移交前的准备工作
    - 进行正式交接工作
    - 出纳交接责任
}

重点、难点讲解及典型例题

一、出纳资料的范围

出纳资料是会计资料的重要组成部分,是指原始凭证、记账凭证、出纳账簿和出纳报告等核算资料,以及其他与财务管理相关的重要凭据等,它们是出纳收、支活动及其账务处理的重要史料与依据。出纳资料分类如图7-1所示。

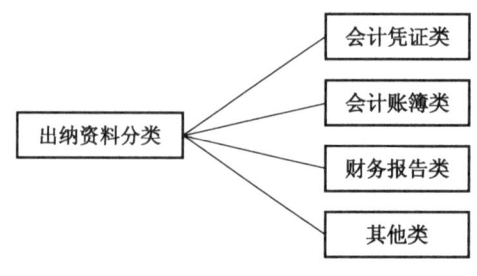

图7-1　出纳资料分类

【例题 1·单项选择题】 下列各项中不属于出纳资料的是(   )。

A. 原始凭证   B. 现金日记账

C. 月、季度财务报告   D. 税务登记证

【答案】 D

【解析】 原始凭证属于出纳资料的会计凭证类,日记账属于出纳资料的会计账簿类,月、季度财务报告属于出纳资料的财务报告类,选项 D 税务登记证不属于出纳资料。

二、出纳资料的整理步骤

出纳资料的整理步骤如图 7-2 所示。

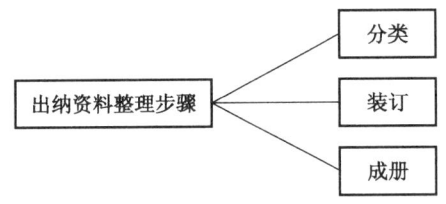

图 7-2   出纳资料的整理步骤

三、出纳资料的保管权限

出纳资料是会计档案的重要组成部分,所以适用以下规定:

(1)各单位每年形成的会计档案,应当由会计机构按照归档要求负责整理成卷、装订成册,编制会计档案保管清册。

(2)在当年或本会计期间形成的会计档案,在会计年度终了后,可暂时由会计机构保管一年,单位会计管理机构临时保管会计档案最长不超过 3 年。期满后,应当由会计机构编制移交清册,移交本单位档案机构统一保管,出纳人员不得兼管会计档案。

(3)移交本单位档案机构保管的会计档案,原则上应当保持原卷册的封装,个别需要拆封重新整理的,档案机构应该会同会计机构和经办人拆封整理,以分清责任。

(4)各单位保存的会计档案不得借出。如有特殊需要,经本单位负责人批准,可以提供查阅或者复印,并办理登记手续,查阅或者复印会计档案的人员,严禁在会计档案上涂画、拆封或抽换。

(5)出纳账证以外的其他出纳资料,主要是各种报表和文件,如各种经费开支计划表、银行对账单等,应当分类整理并妥善保管,年末集中归于会计档案。

（6）单位之间交接出纳资料的，交接双方应当办理会计档案交接手续。移交出纳资料的单位，应当编制出纳资料移交清册，列明应当移交的资料名称、卷号、册数、起止年度和档案号、应保管期限、已保管期限等内容。交接时双方的单位负责人负责监交，交接双方经办人和监交人应在出纳资料移交清册上签名并盖章。

【例题 2·单项选择题】 会计档案可在会计机构临时保管的最长期限是（　　）。

A. 1 年　　　　　　B. 3 年　　　　　　C. 3 个月　　　　　　D. 1 个月

【答案】 B

【解析】 在当年或本会计期间形成的会计档案，在会计年度终了后，可暂时由会计机构保管 1 年。单位会计管理机构临时保管会计档案最长不超过 3 年。

四、出纳资料的保存要求

出纳资料的保存是个长期过程，为了保证资料在保存期限内安全和完整，各单位必须加强对资料的保管工作，具体的要求如下：

（1）严格执行安全和保密制度。

（2）严格执行保管、检查制度。

（3）严格执行移交制度。

【例题 3·多项选择题】 出纳资料的保存要求（　　）。

A. 严格执行安全和保密制度　　　　　B. 严格执行保管、检查制度

C. 严格执行备案制度　　　　　　　　D. 严格执行移交制度

【答案】 ABD

【解析】 出纳资料的保存要求：①严格执行安全和保密制度；②严格执行保管、检查制度；③严格执行移交制度。

五、出纳资料的保管方法

出纳资料的保管方法如图 7-3 所示。

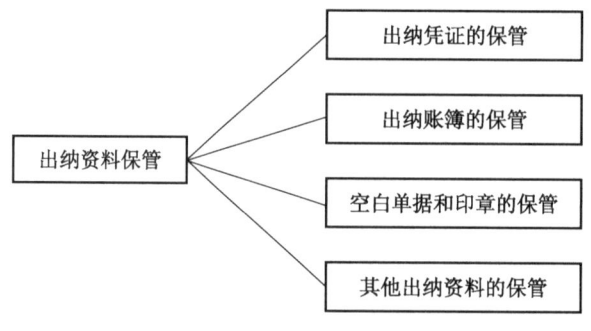

图 7-3　出纳资料的保管

【例题 4 · 单项选择题】 关于出纳资料的保管下列说法错误的是( )。

A. 保管的出纳凭证包括现金收付款原始单据,各种银行结算单据、各种票据等原始凭证以及现金、银行存款收付款记账凭证

B. 出纳账簿在换成新账后,出纳人员应将旧账归入会计档案。移交归档前出纳人员应对旧账进行整理

C. 各单位必须严格管理空白支票,设置空白支票登记簿,明确指定专人负责保管、办理支票的领用和注销手续;且要贯彻票、印分管原则

D. 对于签发支票的各种预留银行的单位财务专用章和其他印鉴,实行印鉴分管原则,由会计主管人员和其他指定专人保管,可由出纳人员独自保管

【答案】 D

【解析】 对于签发支票的各种预留银行的单位财务专用章和其他印鉴,实行印鉴分管原则,不能由出纳人员独自保管。

六、出纳工作交接情形

出纳人员需办理工作交接的具体情况,概括起来主要有以下几种:

(1) 出纳人员辞职或离开单位。

(2) 因单位内部工作变动不再担任出纳工作,如出纳岗位轮岗调换到会计岗位。

(3) 出纳岗位内部增加工作人员,重新进行分工。

(4) 因病假、事假或临时调用,不能继续从事出纳工作。

(5) 因特殊情况,如停职审查等按规定不宜继续从事出纳工作。

(6) 单位因其他情况按规定应办理出纳工作交接,如企业合并、分立、破产等情况发生时,出纳人员应向接收单位或清算组移交。

七、出纳工作交接内容

出纳工作交接的内容应根据各单位的具体情况而定,与出纳人员的分工和工作范围应当一致。情况不同,移交的内容也不同,但出纳工作交接主要包括三方面内容,如表 7-1 所示。

表 7-1 出纳工作交接内容

序号	基本内容	具 体 项 目
1	财产物资	(1) 现金(现钞、外币、金银珠宝及其他贵重物品)。 (2) 有价证券(国库券、债券、股票、商业汇票、股权证书等)。 (3) 支票(空白支票、作废支票及支票使用登记簿)。 (4) 收据(空白收据、已用和作废收据存根联等、收据使用登记簿)。 (5) 发票(空白发票、已用和作废发票存根联等、发票使用登记簿)。

(续表)

序号	基本内容	具体项目
1	财产物资	(6) 财务印鉴,包括财务专用章、银行预留印鉴以及"现金收讫""现金付讫""银行收讫""银行付讫"等业务专用章。 (7) 会计凭证,包括原始凭证和记账凭证。 (8) 会计账簿,包括现金日记账和银行存款日记账。 (9) 银行预留印鉴卡片及银行对账单。 (10) 相关银行密码或其他预留密码。 (11) 应由出纳人员保管的重要证件、合同、协议等。 (12) 其他会计资料、有关会计工具(办公桌、保险工具的钥匙、各种保密号码等)
2	电算化资料	实行电算化会计的单位,出纳工作交接还应包括以下内容: (1) 会计软件及启动盘。 (2) 与会计软件有关的密码或口令。 (3) 存储会计数据资料的介质(磁带、磁盘、光盘、微缩胶片等)。 (4) 有关电算化的其他资料、实物等,如软件使用说明书
3	业务介绍	(1) 原出纳人员工作职责和工作范围的介绍。 (2) 每期固定办理的业务介绍,如按期交电费、水费、电话费的时间等。 (3) 复杂业务的具体说明,如银行账户的开户地址及联系人、需交电话费的号码及台数等。 (4) 其他需要说明的业务事项

【例题 5·多项选择题】 下列属于出纳工作交接内容的是(　　　)。

A. 库存现金　　　B. 会计资料　　　C. 电算化资料　　　D. 业务介绍

【答案】 ABCD

【解析】 出纳工作交接主要包括三方面内容:库存现金、有价证券、会计资料等财产物资;电算化资料;业务介绍。

八、出纳工作交接过程

出纳人员办理交接前,应做好各项准备工作,及时结算有关款项,对于未尽事宜应当加以列明;准备工作就绪后,按项目编制移交清册,复核无误后开始交接;交接时,由监交人监督,交接双方应认真仔细地办理交接手续,最后由当事人签字确认,完成移交工作。

出纳工作交接过程一般按三个步骤进行:准备交接资料、按清册当面点收、交接双方和监交人签章。具体如图7-4所示。

【例题 6·判断题】 出纳人员的离职交接,必须在规定的期限内,向接交人员移交清楚。移交人员应认真按移交清册当面点收。　　　　　　　　　　　　　　　　(　　)

【答案】 ×

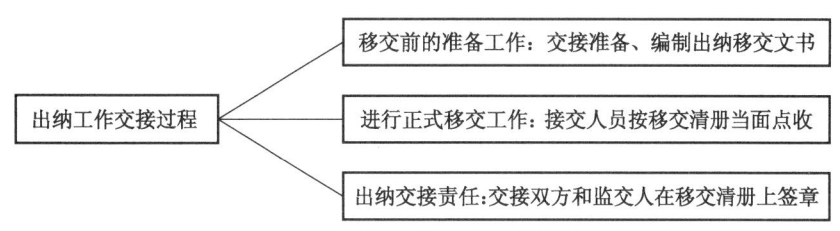

图 7-4　出纳工作交接过程

【解析】 出纳人员的离职交接,必须在规定的期限内,向接交人员移交清楚。接交人员应认真按移交清册当面点收。

 思考与练习

一、单项选择题

1. 下列不属于出纳资料的是(　　)。

A. 营业执照 　　　　　　　　　　B. 现金日记账

C. 出纳报告 　　　　　　　　　　D. 银行付款凭证

2. 下列选项中不属于出纳资料整理的是(　　)。

A. 成册 　　　　B. 分类 　　　　C. 批报 　　　　D. 装订

3. 下列资料属于永久保存的是(　　)。

A. 银行存款日记账 　　　　　　　B. 会计档案保管清册

C. 月、季度财务报告 　　　　　　D. 固定资产卡片

4. 一般会计人员办理交接手续,由(　　)监交。

A. 单位负责人 　　　　　　　　　B. 会计机构负责人

C. 会计主管 　　　　　　　　　　D. 会计

5. 会计工作移交时,(　　)编制出纳工作移交清册。

A. 移交人员 　　　B. 接交人员 　　　C. 监交人员 　　　D. 人事人员

二、多项选择题

1. 下列各项中,属于出纳档案的有(　　)。

A. 反映资金收讫业务的原始凭证、记账凭证、汇总凭证

B. 现金日记账、银行存款日记账及其他货币资金明细账

C. 月度、季度、年度的出纳报告、附注及文字说明

D. 出纳档案移交清册、出纳档案保管清册、出纳档案销毁清册

2. 关于出纳资料的保管权限表述正确的有( )。

A. 各单位每年形成的会计档案,应当由会计机构按照归档要求负责整理成卷、装订成册,编制会计档案保管清册

B. 在当年或本会计期间形成的会计档案,在会计年度终了后,可暂时由会计机构保管一年,单位会计管理机构临时保管会计档案最长不超过 1 年

C. 移交本单位档案机构保管的会计档案,原则上应当保持原卷册的封装,个别需要拆封重新整理的,档案机构应该会同会计机构和经办人拆封整理,以分清责任

D. 各单位保存的会计档案不得借出。如有特殊需要,经本单位负责人批准,可以提供查阅或者复印,并办理登记手续,查阅或者复印会计档案的人员,严禁在会计档案上涂画、拆封或抽换

3. 下列属于出纳人员需办理工作交接的具体情况的是( )。

A. 出纳人员辞职

B. 因单位内部工作变动不再担任出纳工作

C. 因病假不能继续从事出纳工作

D. 出纳岗位内部增加工作人员,重新进行分工

4. 出纳工作交接过程一般包括( )三个步骤。

A. 准备交接资料　　　　　　　　B. 按清册当面点收

C. 交接双方和监交人签章　　　　D. 交接结束后处理遗留问题

5. 移交清册必须具备的内容有( )。

A. 单位名称　　　　　　　　　　B. 交接日期

C. 交接双方和监交人的职务和姓名　D. 移交清册份数

三、判断题

1. 会计档案必须按照规定的保存年限进行保管。 ( )

2. 单位因撤销、解散、破产等原因终止的,在终止和办理注销登记前形成的出纳资料,由政府部门代管。 ( )

3. 出纳工作交接的内容应根据各单位的具体情况而定,与出纳人员的分工和工作范围应当一致。 ( )

4. 接交人办理接收后,应在出纳账簿启用表上填写接收时间,并签名盖章。 ( )

5. 接替人员在交接时因疏忽没有发现所接会计资料在真实性、完整性方面的问题,如事后发现应由接替人员负责。 ( )

四、思考与解答

1. 什么是出纳资料？

2. 如何对出纳资料进行整理？

3. 出纳工作交接内容有哪些？

4. 简述出纳交接后的责任划分。

五、案例分析题

某国有企业原出纳因工作调动，由该企业财务经理的侄女张某接任，张某系会计专业本科毕业，且已从事会计工作 3 年。

试分析该国有企业的出纳由张某担任是否合法？

第二部分　思考与练习参考答案

第一章　出纳概论

一、单项选择题

1	2	3	4	5
B	A	D	C	D

【解释】

第2题:《会计法》第三十七条规定:"会计机构内部应当建立稽核制度。出纳人员不得兼管稽核、会计档案保管和收入、费用、债权债务账目的登记工作。"所以,出纳工作的基本原则是内部牵制原则。

因此选择A。

第5题:清正廉洁是出纳人员的立业之本,是出纳人员职业道德的首要方面。出纳人员掌握着一个单位的现金和银行存款,若要把公款据为己有或挪作私用,均有方便的条件和较多的机会。面对钱欲物欲的考验,绝大多数出纳人员以坚定的意志和清正廉洁的高贵品质赢得了人们的赞誉。

因此选择D。

二、多项选择题

1	2	3	4	5
ABCD	ABCD	CD	ABCD	ABC

【解释】

第1题:需要回避的直系亲属为:夫妻关系、直系血亲关系、三代以内旁系血亲以及近姻亲关系。

因此选择ABCD。

第4题:资金支出的一般程序为:

(1)明确支出的金额和用途。

(2)付款审批。

(3)办理付款。

(4)付款退回。

因此选择 ABCD。

三、判断题

1	2	3	4	5
√	×	×	×	√

【解释】

第 3 题:应加强对作废的支票进行管理,作废的支票是不可以撕毁的,是必须要在下次购票时将作废的支票交给开户行。

因此为×。

第 4 题:根据《中华人民共和国人民币管理条例》和《中国人民银行假币收缴、鉴定管理办法》的规定,公安机关和中国人民银行有权没收假币,办理货币存取款和外币兑换业务的金融机构可以收缴假币。除以上单位,其他任何单位和个人均无权没收和收缴假币。

因此为×。

四、案例分析题

华夏有限责任公司最终应录用小李,因为其遵守了出纳工作的基本原则。《会计法》三十七条规定:"会计机构内部应当建立稽核制度。出纳人员不得兼管稽核、会计档案保管和收入、费用、债权债务账目的登记工作。"钱账分管原则是指凡是涉及款项和财物收付、结算及登记的任何一项工作,必须由两人或两人以上分工办理,以起到相互制约作用。例如,现金和银行存款的支付,应由会计主管人员或其授权的代理人审核、批准,出纳人员付款,记账人员记账;发放工资,应由工资核算人员编制工资单,出纳人员向银行提取现金和分发工资,记账人员记账。实行钱账分管,主要是为了加强会计人员相互制约、相互监督、相互核对,提高会计核算质量,防止工作误差和营私舞弊等行为。

第二章　出纳基本业务技能

一、单项选择题

1	2	3	4	5
D	A	B	D	C

【解释】

第 1 题:"￥3 050.25"的大写金额可写为"人民币叁仟零伍拾元贰角伍分"或"人民

币叁仟零伍拾元零贰角伍分"。

因此选择 D。

第 4 题：单位在撤销、合并、结清账户时，应将剩余的空白支票，填列一式两联清单，全部交回银行注销。

因此选择 D。

第 5 题：电子支付密码系统的原理是企业利用银行发行的支付密码器，在签发票据时，对票据上的各要素综合进行加密运算产生支付密码。支付密码是根据票据号码、金额、账号、日期等信息计算出的一组 16 位密码，填写在票据上与印鉴结合作为付款依据。

因此选择 C。

二、多项选择题

1	2	3	4	5
ABCD	AD	ABD	ACD	ABCD

【解释】

第 2 题：扎把的方法有缠绕式和扭结式两种，其中最常用的是缠绕式。

因此选择 AD。

第 3 题：在计算机数字小键盘上，食指负责"1、4、7"键；中指负责"2、5、8、/"键；无名指负责"．、3、6、9、＊"键；大拇指负责"0"键；小指负责"＋、－、Enter"键。

因此选择 ABD。

第 4 题：企业拥有的有价证券通常包括国库券、特种国债、国家重点建设债券、地方债券、金融债券、企业债券和股票等。

因此选择 ACD。

三、判断题

1	2	3	4	5
√	√	×	√	√

【解释】

第 3 题：保险柜必须配备两把钥匙，一把由出纳员保管，供出纳员每日工作时开启使用；另一把交由保卫部门封存，或由单位总会计师或财务经理负责保管，以备紧急情况下经有关领导批准后开启使用。出纳人员不能将保险柜钥匙交由他人代为保管。

因此为×。

第4题:由于有价证券能够变现,具有与现金相同的性质和价值,所以,企业持有的有价证券必须由出纳员按照与货币资金相同的要求进行管理。实行账证分管,由会计部门管账、出纳部门管证,这样可以相互牵制、互相核对。

因此为√。

第5题:出纳人员使用的财务印章必须妥善保管,严格按照规定的用途使用,不得将印章随意存放或带出工作单位。用于签发支票的各种预留银行印鉴应由主管会计人员或其他指定人员保管,不得由出纳人员一人保管。

因此为√。

四、思考与解答

【解释】

第1题:手工点钞的基本程序是起钞→拆把→持钞→开扇→点钞→扎把→盖章。基本要求是坐姿端正、用品定位、开扇均匀、清点准确、票币墩齐、捆扎合格、盖章清晰、动作流畅。

第2题:已签发的现金支票遗失,可以向银行申请挂失;已签发的转账支票遗失,可请求收款人协助防范。

到开户行申请挂失,填写《支票挂失申请书》,载明申请人(权利人)名称、支票丧失原因、支票种类、出票人户名、账号、支票号码、支票金额和出票日期等,并在挂失申请书上签字或盖章后交给开户银行,在挂失止付后3日内到人民法院申请公示催告即可。

第3题:企业如果发生印鉴遗失或需要更换预留银行印鉴,出纳人员应向银行办理相关手续。

(1)开户单位向开户银行提出申请,填写"印鉴变更申请书",与证明情况的公函一并交银行审核,经银行同意后,在银行发给的新印鉴卡的背面加盖原预留银行印鉴,在正面加盖新更换的印鉴,与银行约定新印鉴的启用日期。

(2)办理印鉴变更所需资料。

① 提交单位的营业执照、法人身份证复印件等证件。

② 新公章、财务专用章、法人章及公安局出具的新刻章证明原件及复印件。

③ 承接刻章单位的刻章证明原件。

④ 由法人或者单位负责人直接办理的,还应出示其身份证;授权他人办理的,应出具经法人或者单位负责人签章的授权书、身份证件及经办人本人的身份证件。

五、技能训练

第1题:略。

第2题:略。

第3题:略。

六、案例分析题

此案例中,小王的做法是正确的。

出纳员发现保险柜被盗后应迅速采取以下措施:

(1) 保护好现场,禁止无关人员进入现场,不要触动现场任何物品。

(2) 迅速报告公安机关(或保卫处),待公安机关勘查现场时才能清理财物被盗情况。

(3) 不向无关人员泄露相关信息。

(4) 回忆对破案可能有所帮助的信息。

(5) 协助好侦破工作。

(6) 节假日满两天以上或出纳人员离开两天以上没有派人代其工作的,应在保险柜锁孔处贴上封条,出纳人员到位工作时揭封。如发现封条被撕掉或锁孔处被弄坏,应迅速向公安机关或保卫部门报告,以使公安机关或保卫部门及时查清情况,防止不法分子进一步作案。

第三章　出纳凭证及账簿

一、单项选择题

1	2	3	4	5
A	D	C	B	A

【解释】

第3题:记账后发现记账凭证和账簿记录中应借、应贷会计科目无误,只是所记金额小于应记金额时,采用补充登记法。

因此选择 C。

第4题:A 和 C 应该使用红字更正法,D 应该使用补充登记法。

因此选择 B。

第5题:日记账必须采用订本式账簿,账页格式一般有"三栏式""多栏式"和"收付分页式"三种。在实际工作中,通常采用的是"三栏式"账页格式。

因此选择 A。

二、多项选择题

1	2	3	4	5
ABCD	ABC	ABC	AB	ABCD

【解释】

第1题:出纳人员在审核原始凭证时,应主要审核原始凭证的真实性、合法性、合理性、完整性和正确性。

因此选择 ABCD。

第2题:专用记账凭证是指分类反映经济业务的记账凭证。按其反映的经济内容,可分为收款凭证、付款凭证和转账凭证。

因此选择 ABC。

第3题:原始凭证金额有误的,应当由原出具单位重开,不得在原始凭证上更正。

因此选择 ABC。

第4题:企业应建立现金、银行存款总账和日记账,分别进行总分类核算和序时核算。其中,现金、银行存款总账一般由总账会计负责,出纳人员负责日记账的设置与登记。

因此选择 AB。

三、判断题

1	2	3	4	5
√	√	×	×	√

【解释】

第3题:划线更正法只适用于记账凭证正确,在记账时发生错误,导致的账簿记录错误。若原始凭证金额有错误,只能由原出具单位重开,不得更正。

因此为×。

第4题:由于记账凭证错误而发生的账簿记录错误,应根据具体情况,采用红字更正法或补充登记法予以更正。

因此为×。

四、思考与解答

(略)

五、案例分析题

1. 填写支票

2. 案例分析

《中华人民共和国会计法》第十四条规定:"原始凭证记载的各项内容均不得涂改;原始凭证有错误的,应当由出具单位重开或者更正,更正处应当加盖出具单位印章。原始凭证金额有错误的,应当由出具单位重开,不得在原始凭证上更正。"

《中华人民共和国票据法》第九条规定:"票据金额、日期、收款人名称不得更改,更改的票据无效。对票据上的其他记载事项,原记载人可以更改,更改时应当由原记载

图 3-4　转账支票

人签章证明。"

本案例中,出纳王小红填写支票时,支票金额错填为 50 000 元,不可将 50 000 元更改为 5 000 元,应将该支票作废,再重新签发一张转账支票。

第四章　出纳现金业务

一、单项选择题

1	2	3	4	5
B	C	A	B	B

【解释】

第 3 题:属于无法查明原因的,一般由经管人员负责,若决定由单位作核销处理,则记入"管理费用"科目。

因此选择 A。

第 4 题:出纳人员在办理现金收付业务和现金保管的同时,登记现金日记账和编制现金日报表,由会计人员登记现金总账。另外,出纳人员不得兼管稽核、会计档案保管和收入、费用、债权、债务账目的登记工作。

因此选择 B。

二、多项选择题

1	2	3	4	5
ABCD	BCD	AD	ABCD	ABD

【解释】

第2题:根据《会计法》的规定,出纳人员不得兼管稽核、会计档案保管和收入、费用、债权、债务账目的登记工作。

因此选择BCD。

第3题:当企业现金短缺时,会计分录为"借:待处理财产损溢——待处理流动资产损溢,贷:库存现金",当现金发生溢余,经批准转销时,会计分录为"借:待处理财产损溢——待处理流动资产损溢,贷:营业外收入"。

因此选择AD。

三、判断题

1	2	3	4	5
×	×	×	×	√

【解释】

第2题:出纳人员去银行提取现金时应填写现金支票。

因此为×。

第3题:根据《现金管理暂行条例》的规定,开户单位支付现金,可以从本单位库存现金限额中支付或者从开户银行提取,不得从本单位的现金收入中直接支付。

因此为×。

第4题:出纳人员办理现金收支业务时,必须做到按日清理、按月结账。其中按日清理是指出纳人员应对当日的经济业务进行清理,全部记入现金日记账,结出库存现金的账面余额,并与库存现金实地盘点数核对相符。

因此为×。

四、技能训练

1. 填写现金支票

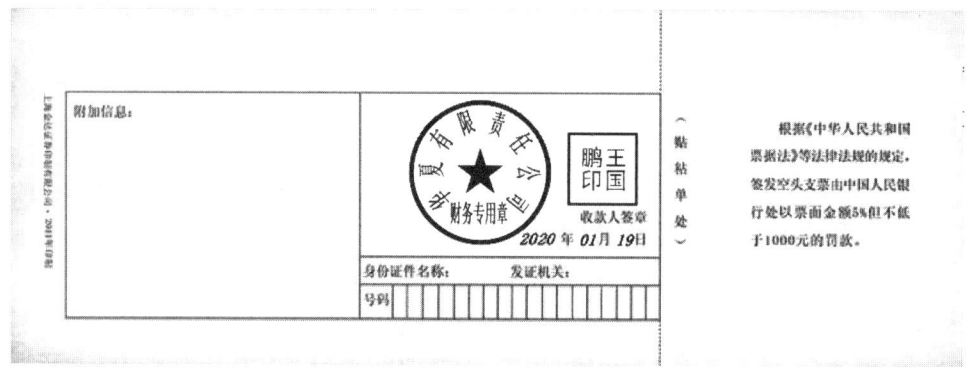

图 4-3　现金支票

2. 填写现金缴款单

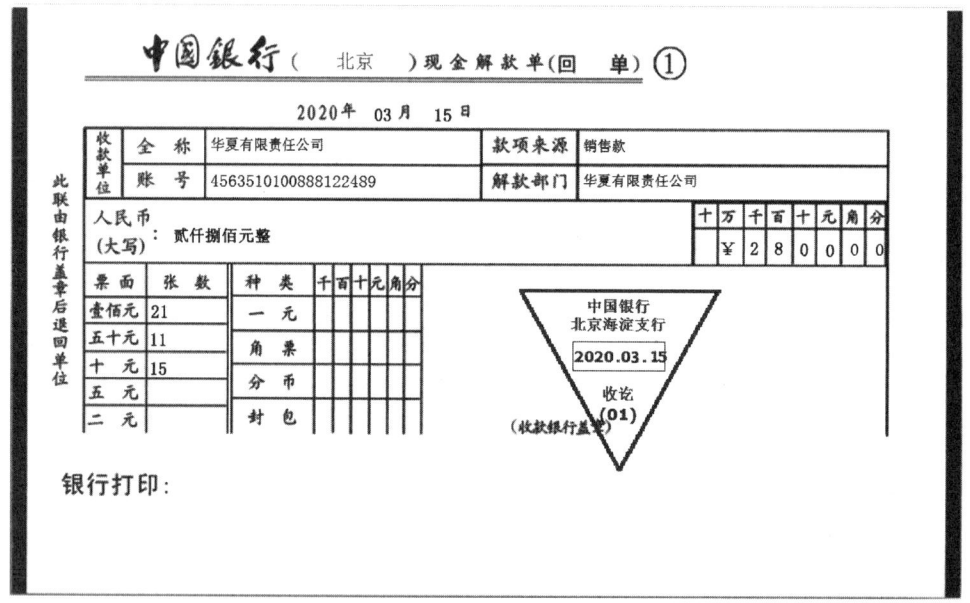

图 4-4　现金缴款单

第五章　出纳银行业务

一、单项选择题

1	2	3	4	5
D	A	A	C	A

【解释】

第1题:选项 A,托收承付结算每笔的金额起点为 1 万元;选项 B,新华书店系统每笔的金额起点为 1 千元;选项 C,验单承付期为 3 天,从购货单位开户银行发出通知的次日算起(承付期内遇法定节假日顺延)。

因此选择 D。

第3题:支票的出票人预留银行签章是银行审核支票付款的依据。

因此选择 A。

第4题:选项 A,中文大写金额应用正楷或行书填写;选项 B,中文大写金额数字到"角"为止的,在角之后可以写,也可以不写"整"字;选项 D,票据的大写出票日期未按要求规范填写的,银行可予受理,但由此造成损失的,由出票人自行承担。

因此选择 C。

二、多项选择题

1	2	3	4	5
ABCD	CD	ABD	ABCD	AB

【解释】

第1题:银行受理后,签发银行汇票一式四联,将第二联汇票联、第三联解讫通知和加盖印章后的"银行汇票申请书"第一联交给汇款人。

因此选择 ABCD。

第5题:汇兑分为信汇和电汇两种。

因此选择 AB。

三、判断题

1	2	3	4	5
×	×	√	√	√

【解释】

第1题:商业汇票是指出票人签发的,委托付款人在指定日期无条件支付确定的金额给收款人或者持票人的票据。

因此为×。

第2题:临时存款账户有效期最长不得超过 2 年。

因此为×。

四、技能训练

2020 年 10 月 12 日,华夏有限责任公司签发现金支票一张,提取备用金 2 000 元,请按要求填写现金支票。

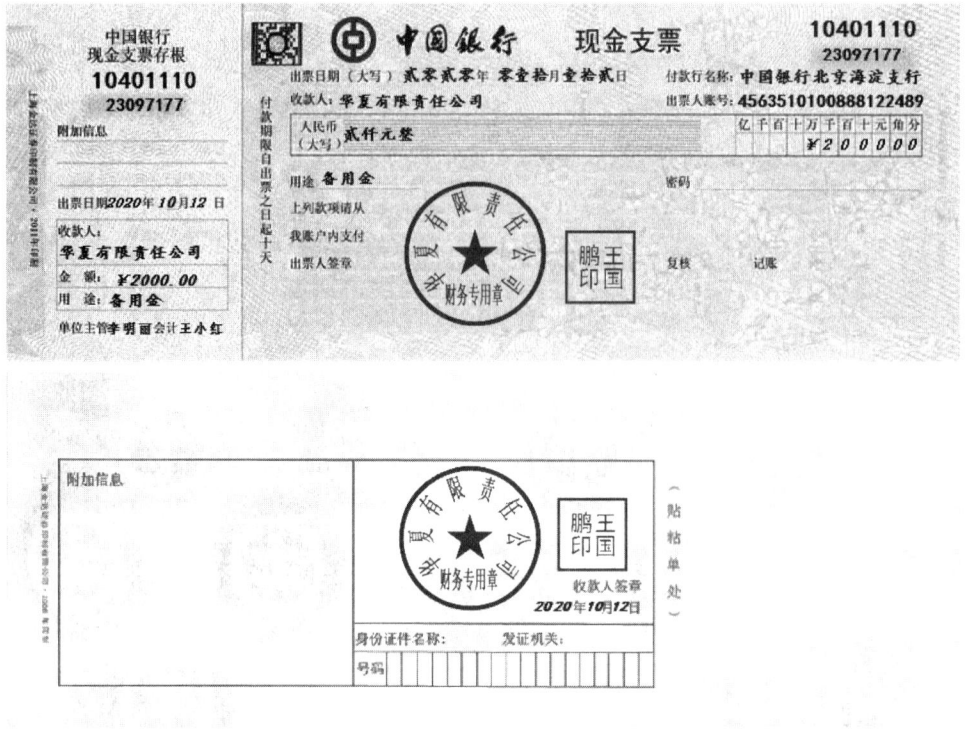

图 5-3　现金支票

五、案例分析题

（1）缴款单和进账单的区别。

银行进账单是企业因向开户银行送交从外单位取得的支票、银行本票、银行汇票等票据办理银行存款收入业务时填制的单证。

缴款单一般为现金缴款单，当单位向开户银行送交现金、办理银行存款收入业务的时候应填写现金缴款单。

（2）收到银行汇票应该填写进账单。

第六章　出纳税收知识

一、单项选择题

1	2	3	4	5
D	D	A	B	B

【解释】

第4题:根据《中华人民共和国发票管理办法》的规定,国务院税务主管部门(即国家税务总局)统一负责全国的发票管理工作;省、自治区、直辖市国家税务局和地方税务局依据各自的职责,共同做好本行政区域内的发票管理工作。

因此选择 B。

第5题:电子申报也称数据电文申报,是指经税务机关批准的纳税人通过电子数据交换和网络传输等电子方式办理纳税申报的方式。

因此选择 B。

二、多项选择题

1	2	3	4	5
ABD	ABC	ABC	ABCD	AB

【解释】

第1题:减、免税体现了税收在固定性基础上的灵活性,是构成税收优惠的主要内容,具体可分为税基式减免、税率式减免和税额式减免三种形式。选项 C 加成征收不属于税收减免。

因此选择 ABD。

第5题:简易申报是以缴纳税款凭证代替申报或简并征期。

因此选择 AB。

三、判断题

1	2	3	4	5
×	√	√	×	√

【解释】

第1题:免征额是在计税依据总额中免于征税的数额。它是按一定标准从计税依据总额中预先减除的数额。

因此为×。

第4题:批量供应方式一般适用于经营规模较大、财务制度健全、发票管理严格、发票使用量较大的单位。

因此为×。

四、思考与解答

(略)

五、案例分析题

《增值税专用发票使用规定》第十条规定："增值税小规模纳税人需要开具专用发票的,可向主管税务机关申请代开。"

因此,A企业财务人员可携带本企业税务登记证副本、购货方税务登记证(副本)复印件以及该笔业务税收缴款书等,到主管税务机关领取并填写《增值税小规模纳税人要求税务机关代开增值税专用发票申请表》,由税务机关代为开具增值税专用发票。

第七章　出纳资料的整理、保管与工作交接

一、单项选择题

1	2	3	4	5
A	C	B	B	A

【解释】

第1题:出纳资料的范围包括:会计凭证类、会计账簿类、财务报告类和其他类,其中其他类是指出纳档案移交清册、出纳档案保管清册、出纳档案销毁清册;按规定单独存放保管的重要票证单据(如作废的支票发票存根联等);出纳盘点报告等出纳考核报告等资料;实行电算化的单位,出纳资料还应包括有关电算化的资料(如:会计软件、储存数据的光盘等)。

因此选择A。

第3题:会计档案保管清册需要永久保存。

因此选择C。

二、多项选择题

1	2	3	4	5
ABCD	ACD	ABCD	ABC	ABCD

【解释】

第2题:在当年或本会计期间形成的会计档案,在会计年度终了后,可暂时由会计机构保管1年,单位会计管理机构临时保管会计档案最长不超过3年。

因此选择ACD。

第5题:移交清册必须具备单位名称、交接日期、交接双方和监交人的职务和姓名,以及移交清册页数、份数和其他需要说明的问题和意见。

因此选择ABCD。

三、判断题

1	2	3	4	5
√	×	√	√	×

【解释】

第2题:单位因撤销、解散、破产等原因终止的,在终止和办理注销登记前形成的出纳资料,由终止单位的业务主管部门或者财产所有者代管。

因此为×。

第5题:即便接替人员在交接时因疏忽没有发现所接会计资料在真实性、完整性方面的问题,如事后发现仍应由原移交人员负责,原移交人员不应以会计资料已移交而推脱责任。

因此为×。

四、思考与解答

(略)

五、案例分析题

《会计基础工作规范》第十六条规定:国家机关、国有企业、事业单位任用会计人员应当实行回避制度。单位领导人的直系亲属不得担任本单位的会计机构负责人(会计主管人员)。会计机构负责人(会计主管人员)的直系亲属不得在本单位会计机构中担任出纳工作。

在会计实际工作中实行回避制度是十分必要的。由于出纳工作的特殊性,特定人员需要回避。该企业财务经理的侄女张某担任出纳不符合会计法律制度规定。